# 马克思主义中国化的最初成果

主　　编　闫　玉
副主编　孔德生　王雪军
本册作者　孔德生　梁　茵

中华工商联合出版社

**图书在版编目（CIP）数据**

马克思主义中国化的最初成果 / 孔德生，梁茵著
. --北京：中华工商联合出版社，2014.3
ISBN 978-7-80249-986-7

Ⅰ. ①马… Ⅱ. ①孔… ②梁… Ⅲ. ①马克思主义－发展－研究－中国 Ⅳ. ①D61

中国版本图书馆 CIP 数据核字（2014）第 034645 号

**马克思主义中国化的最初成果**

---

**作　　者**：孔德生　梁　茵
**出 品 人**：徐　潜
**策划编辑**：魏鸿鸣
**责任编辑**：林　立
**封面设计**：徐　超
**责任审读**：李　征
**责任印制**：迈致红
**出版发行**：中华工商联合出版社有限责任公司
**印　　刷**：固安县云鼎印刷有限公司
**版　　次**：2014 年 4 月第 1 版
**印　　次**：2021 年10月第 2 次印刷
**开　　本**：155mm×220mm　1/16
**字　　数**：75 千字
**印　　张**：10
**书　　号**：ISBN 978-7-80249-986-7
**定　　价**：38.00 元

---

**服务热线**：010－58301130
**销售热线**：010－58302813
**地址邮编**：北京市西城区西环广场 A 座 19－20 层，100044
**http://www.chgslcbs.cn**
**E-mail**：cicap1202@sina.com（营销中心）
**E-mail**：gslzbs@sina.com（总编室）

# 目录 Contents



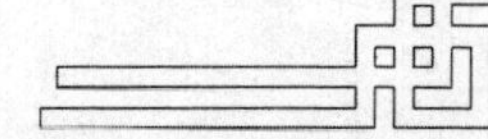

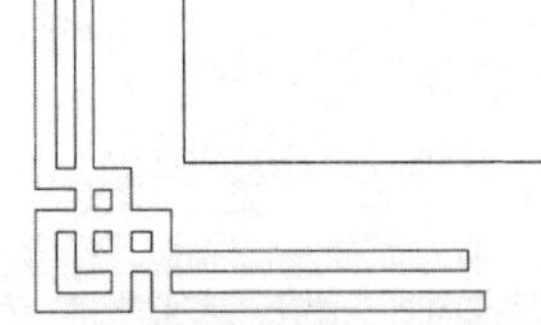

# 前　言

中国共产党是一个高度重视理论指导并善于进行理论创新的马克思主义政党。马克思主义是我们认识和改造世界的强大思想武器，是指导中国革命、建设和改革的行动指南，是我们立党立国的根本指导思想。但马克思主义不是教条，只有正确运用于实践并在实践中不断发展，它才具有强大的生命力。从一定意义上说，一部中国共产党的历史，就是马克思主义中国化的历史，就是用中国化的马克思主义理论不断推进革命、建设和改革事业发展的历史。中国共产党始终坚持把马克思主义基本原理同中国具体实际相结合，不断进行理论创新，推进马克思主义的中国化，实现了马克思主义与中国实际相结合的两次历史性飞跃，形成了毛泽东思想和中国特色社会主义理论体系这两大理论成果。其中，毛泽东思想是以毛泽东为核心的第一代领导集体明确提出并全面推进马克思主义中国化，大力进行理论创新而结出的丰硕成果，显现了巨大的实践成效，并积累了丰富的历史经验。

中共十一届六中全会通过的《关于建国以来党的若干历史问题的决议》指出："以毛泽东同志为主要代表的中国共产党人，根据马克思主义的基本原理，把中国长期革命实践中的一系列独创性经验作了理论概括，形成了适合中国情况的科学的指导思想，这就是马克思列宁主义普遍原理和中国革命具体实践相结合的产物——毛泽东思想。""毛泽东思想是马克思列宁主义在中国的运用和发展，是被实践证明了的关于中国革命和建设的正确的理论原则和经验总结，是中国共产党集体智慧的结晶。"[①] 邓小平明确指出："毛泽东思想不是在个别的方面，而是在许多领域发展了马克思列宁主义。毛泽东思想是个体系，是发展了

① 《关于建国以来党的若干历史问题的决议》（注释本），人民出版社 1983 年版，第 3 页。

的马克思主义。”① 可以说，如果第一代领导集体不将马克思主义中国化，就不会有马克思列宁主义同中国实际相结合的第一次历史性飞跃，也就没有毛泽东思想的产生。

① 《邓小平文选》(第二卷)，人民出版社 1994 年版，第 43 页。

# 一、中国化的马克思主义是指导中国革命的真谛

## （一）马克思主义固有属性决定了它的生命力在于同实践相结合

马克思主义是无产阶级的科学世界观与方法论，是全世界无产阶级最正确最革命的科学思想的结晶，是指导全世界无产阶级和被压迫民族解放斗争的思想武器。它的基本特点是理论与实践相结合，在斗争实践中不断丰富与发展，这也是它的强大生命力所在。

19 世纪中叶，马克思、恩格斯总结了欧洲工

人运动经验，批判地吸取了人类三个最先进国家里三个主要思潮——德国的古典哲学、英国的古典政治经济学、法国的空想社会主义，并在同资产阶级、小资产阶级思潮，同机会主义、修正主义思潮斗争中形成了马克思主义。马克思主义通过大量材料和严密的逻辑论证，阐明了自然界、人类社会和思维发展的普遍规律，揭示了资本主义生产方式的固有矛盾及资本主义社会的特殊运动规律，论证了资本主义必然灭亡，共产主义必然胜利的历史发展总趋势，指明了无产阶级是资本主义制度的掘墓人和共产主义社会的创造者。无产阶级要完成自己的历史使命，必须组织自己的先锋队——共产党。在党的领导下，通过暴力革命，推翻资产阶级统治，彻底砸碎旧的国家机器，建立无产阶级专政的社会主义国家。同时，马克思主义还指出：无产阶级在取得政权以后，不但要消灭一切剥削制度和剥削阶级，而且要大力发展社会生产力，完善和发展社会主义的生产关系和上层建筑，并逐步消灭一切阶级差别及由于社会生产力发展不充分而形成城乡差别、脑力劳动和体力劳动的差别和社会不平等，直到进入共产主义社会。19 世纪末和 20 世纪初，列宁在同第二国际伯恩施坦修正主义斗争中，坚决捍卫和发展了马克思主义，在理论和实践的结合上，把它推向新阶段——帝国主义和无产阶级革命时代的马克思主义，即列宁主义。列宁深刻地揭示了资本主义发展的最后阶段——帝国主义的基本特征及其发展规律，论证了无产阶级革命能够在帝国主义阵线最薄弱环节，首先在一个国家内取得胜利并建成社会主义。

马克思主义自诞生后的近一个半世纪以来，总是激励着各国共产主义者在自己的时代和自己的国家中，发扬独创精神，不断地创造无产阶级革命事业的新局面。马克思在《哥达纲领批判》中，明确告诫无产阶级和劳动人民，他们解放斗争的“直接的斗争舞台就是本国”。列宁把殖民地半殖民地被压迫民族和人民的革命斗争视为世界无产阶级社会主义革命的一部分，列宁《在全俄东部各民族共产党组织第二次全国代表大会上的报告》指出，一切被压迫民族都将走到社会主义，但走法不完全相同。“你们面临着全世界共产主义人所没有遇到过的一个任务，就是你们必须以共产主义的一般理论和实践为依据，适应欧洲各国所没有的特殊条件，善于把这种理论和实践运用于主要群众是农民、需要解决的斗争任务不是反对资本而是反对中世纪残余这样的条件。”①

## （二）中国共产党的历史经验表明必须用中国化的马克思主义指导中国革命

中国共产党自从诞生之日起，就高举马克思主义旗帜，以实现共产主义为最终奋斗目标，走社会主义道路。无数共产党人为民族解放和中国革命事业，进行了长期不懈的英勇斗争，抛头颅，洒热血，不怕牺牲。中国革命经历了失败、胜利，再失败、再胜利的艰难曲折的道路。在如何以马克思主义指导中国革命，走社会主义道路问题上，发生过严重分歧。归纳起来，主要是两种主张、两条路线。一种是“左”倾教条主义，把马克思主义的本本生搬硬套，把共产国际决议和苏联经验神圣化、绝对化；另一种是坚持马克思列宁主义基本原理与中国具体实际相结合的原则，着眼于运用马克思主义立场、观点和方法，从中国国情出发，总结中国革命独创性历史经验，走自己

① 《列宁选集》（第四卷），人民出版社 1995 年版，第 79 页。

的路。前一种调门高，吓唬人，易于俘虏那些自认为坚定的马克思主义者和革命分子；后一种，难度大，易于被人扣上右倾机会主义帽子，并在较长时间没被教条主义领导者所理解和接受，且屡遭排斥和打击。

从大革命失败到土地革命战争的兴起，从第五次反“围剿”失败到抗日战争的兴起，两次失败、两次胜利的重大历史性转折，正反两方面沉痛的历史经验，深刻地唤醒和教育了广大党员和领导干部。遵义会议开始确立了以毛泽东为核心的党中央领导，批判了“左”倾冒险主义军事路线，把党的路线转移到马克思主义轨道上来。党中央到达陕北后，为了迎接全国抗日战争，肩负起中国共产党的领导历史责任，毛泽东用马克思主义阶级分析方法和策略思想，抓住了华北事变后社会主要矛盾和阶级关系的重大变化，抵制了“左”倾关门主义，阐述了抗日民族统一战线的理论与策略；用马克思主义历史唯物主义观点和辩证方法，分析了中国特殊国情，揭示了中国革命战争的特殊规律，论述了一系列战略与战术原则；用马克思主义哲学观点总结了两次国内革命战争的正反两方面的历史经验，着重批判了主观与客观、理论与实践相割裂的“左”倾教条主义，从认识论和辩证法上奠定了党的思想路线的理论基础。

抗日战争中期运用马克思列宁主义关于无产阶级革命和无产阶级专政基本原理及民族殖民地理论，总结了中国近代革命的历史经验，系统地提出了新民主主义革命理论及中国革命三大法宝，连同农村包围城市革命道路理论的完整化，从理论与实践的结合上，阐明了中国特色革命道路。这表明马克思主义与中国具体实践相结合有了历史性的飞跃。经过延安整风运动，联系党的历史实际，着重从思想理论上清算了主观主义，特别是“左”倾教条主义，使全党对于什么是真正的马克思主义这一重大课题基本上达到共识，并在党的七大将马克思列宁主义与中国实际相结合的思想——毛泽东思想作为指导思想而载入了史册。正反两方面历史经验是最宝贵的。在如何认识和对待马克思主义同中国特殊国情的关系上，中国共产党曾犯过三次“左”倾冒险主义错误。其共同特点是对待马克思主义教条化，对共产国际决议和苏联经验神圣化。这一沉痛的历史教训深刻地唤醒了那些执迷于教条主义的或受其俘虏的共产党人，使他们觉悟到以毛泽东为代表的理论与实践是符合中国实际的真正的马克思主义，必须正确认识中国的特殊国情。

## （三）中国特殊国情要求我们必须把马克思主义根植于中国土壤之中

中国的共产主义运动发生在既不同于马克思构想的资本主义国家，也不同于资本主义不够发达的俄国，而是以农民为主体的，经济文化十分落后的，受若干帝国主义宰割的半殖民地半封建社会。国情是党制定路线政策的基本客观依据，马克思主义的生命力就在于它根植于中国这块土壤上，是不是和善不善于用马克思主义研究中国国情，从而把马克思主义同中国实践相结合，这是关系马克思主义在中国的命运，关系中国革命成败的大问题。

在如何认识和对待中国特殊国情问题上，在思想界、在中国共产党内曾发生过两种错误倾向，并由此导致对待马克思主义的两种态度：一种是以中国国情特殊“马克思主义不适合中国国情”为借口，反对马克思主义；一种是马克思主义是科学真理必须照搬照抄，拒绝把马克思主义同中国国情，同中国革命具体实践相结合。在马克思主义同中国国情的关系上，中国共产党的马克思主义者，同上述两种倾向展开了两条路线的斗争，特别是同党内的“左”倾教条主义者展开了斗争。中国革命之所以能够取得伟大胜利，归纳起来，最基本的历史经验是由于正确认识了中国国情，把马克思主义普遍原理同中国实际相结合，总结了中国革命的独创性经验，用中国化的马克思主义直接指导的结果。

近代中国是一个领土辽阔，人口众多，经济文化落后的半殖民地半封建的国家。英、法、俄、德、日、英等列强在中国划分势力范围，与封建势力相勾结，维护着帝国主义、封建主义的反动统治。孙中山领导的辛亥革命，结束了中国两千年的封建帝制，但政权被封建军阀所篡夺。蒋介石在南京建立的国民政府，打着孙中山三民主义旗帜，实则依附于帝国主义，镇压革命，实行大地主大资产阶级专政。中国的社会性质没有根本的变化。

旧中国社会经济结构落后、复杂，有帝国主义侵华的资本主义、官僚买办资本主义、民族资本主义、封建主义、劳动者个体经济、奴隶制。伴随经济结构的深刻变化，阶级结构与阶级关系发生重大变化。除原有的地主阶级、农民阶级及其他小资产阶级外，又产生了代表新的生产关系与生产力的资产阶级与无产阶级。

中国无产阶级即工人阶级，人数虽然不多，但却是中国新生产力的代表者，他们身受帝国主义、资本主义和封建主义的三重压迫，是近代中国最进步的阶级，是中国革命的领导阶级。在第一次世界大战以后，它逐渐由一个自在阶级变为自为的阶级，在五四运动中以独立的姿态登上政治舞台。

中国资产阶级分为带买办性质的官僚资产阶级和民族资产阶级，前者亦称大资产阶级。他们和外国资本主义、本国封建势力相勾结，残酷地压榨和奴役中国人民，代表中国落后的生产关系，阻碍民族资本主义和社会生产力的发展。民族资产阶级亦称中产资产阶级，他们具有两重性：一方面遭受外国资本主义和本国封建势力的压迫，具有反对帝国主义侵略、反对封建主义的要求；另一方面又同外国资本主义和本国封建主义有着不同程度的千丝万缕的联系，缺乏彻底反侵略、反封建的勇气，具有软弱性。

小资产阶级是一个较为广泛的多层次的阶级。根据他们的经济地位不同分为上层、中层、下层不同阶层，不同阶层的小资产阶级对中国革命的态度不尽一致。总地说来，都受着三重压迫，中、下层还受不同程度的剥削，他们是中国革命争取、团结的一支社会力量。

农民阶级包括雇农、贫农、中农多层次。雇农，一般全无土地和工具，有些有小部分土地和工具，他们完全地或主要地以出卖劳动力为生。贫农有些占有一部分土地和不完全的工具；有些全无土地，只有一些不完全的工具，一般都须租地、借债、受封建剥削。雇农和贫农占农村人口的多数，是中国革命的依靠力量和主力军。中农一般都只有土地，有相当的工具，生活来源全靠自己劳动或主要靠自己劳动，是中国革命必须注意团结的重要力量。

中国社会主要矛盾是帝国主义同中华民族的矛盾，封建主义同人民大众的矛盾，两种矛盾相互交织，首要的则是帝国主义同中华民族的矛盾。政治经济发展不平衡是半殖民地半封建的中国的基本国情的一大特征。这种不平衡性表现极为突出。在经济上，外国资本主义的入侵、官僚资本主义、微弱的民族资本主义同封建主义自然经济并存，封建主义占据优势地位；少数近代大工业、商业城市与落后的广大农村同时存在；少量的现代化大机器工业与原始的手工劳动和畜力耕作的小农经济广泛存在；飞机、火车、汽车、轮船现代化交通工具同大量的马车、牛车、独轮车及人抬肩扛同时存在……总之，地区上、行业上经济发展水平都极大地不平衡。

旧中国这种政治经济发展不平衡，半殖民地半封建不同的特点，地方性的农业经济和帝国主义划分势力范围的分裂剥削状态，呈现出反动统治的缝隙，这就决定了中国革命必须把农村作为工作的重点，建立农村根据地，经过长期的武装斗争，积聚壮大革命力量，由农村包围城市，逐步扩展，最后夺取全国政权。

综上所述，马克思主义的固有属性及其特点，中国特殊国情和在对待马克思主义同中国国情关系上的历史经验与教训，告诫我们：在中国坚持马克思主义指导革命的真谛在于用中国化的马克思主义，否则会受到历史的惩罚。

# 二、马克思主义中国化的奠基者

中国共产党人对马克思主义中国化必然性的认识，曾经历了一次漫长而曲折的历程，在前进与倒退、胜利与挫败的分歧和斗争中，以血的代价换取了由不自觉到自觉、由少数人到多数人的逐步觉醒，而后取得全党的共识。在曲折的斗争中，毛泽东是马克思主义中国化的奠基者。

## （一）率先向全党明确提出马克思主义中国化的历史任务

中国共产党诞生伊始，就坚定不移地以马克

思主义作为观察国家命运的工具。尽管党内多次发生右的和“左”的错误，产生过路线分歧和斗争，然而对马克思主义的信念和指导作用则始终未有动摇和质疑。这主要是由于中国共产党是在第二国际已经破产，修正主义已经败阵，俄国十月革命已经取得伟大胜利的国际背景下，在列宁的关怀和共产国际的帮助下建立起来的。因此，在党的思想政治建设上，主要倾向不是要不要以马克思主义为指导，而是怎样对待马克思主义，要不要、能不能把马克思主义中国化的问题。

在这样一个根本性问题上，中国共产党内部产生过原则分歧和复杂的斗争：一种是“左”倾教条主义者，照抄照搬马克思主义经典著作的词句和结论，把共产国际的决议和苏联经验神圣化；另一种则坚决主张把马克思主义的基本原理与中国革命实际相结合，运用马克思主义的立场、观点、方法分析问题，并使之中国化。20 世纪 20 年代后期和 30 年代初期，前一种倾向曾盛行一时且占据统治地位。

在中国共产党人探索以马克思主义指导中国革命的艰难历程中，觉醒最早，旗帜最鲜明的是毛泽东。1930 年年初，毛泽东率先发出“反对本本主义”的号召，同“左”倾教条主义展开斗争。毛泽东尖锐地批评了“唯书”、“唯上”的思想，明确了什么是马克思主义，什么是本本主义，指出既要坚持学习运用马克思主义，又要反对本本主义，提出“没有调查就没有发言权”，“中国革命斗争的胜利要靠中国同志了解中国情况”的独到见解，体现了他从中国实际出发、理论联系实际、独立自主的思想。

“反对本本主义”的号召，为中国共产党人摆脱把共产国际决议和苏联经验神圣化的错误影响，冲破党内教条主义的统治，提供了理论依据和精神支柱，成为马克思主义中国化的基石。1938年，在以国共合作为基础的抗日民族统一战线旗帜下，抗日战争烽火燃遍祖国大地。与此同时，王明无视抗日民族统一战线中复杂的阶级关系，无视依靠人民力量，主张“一切经过统一战线”，把战胜日本帝国主义的希望完全寄托于国民党军队。毛泽东敏锐地观察到这一新的动向，在中共六届六中全会上所作的《论新阶段》的政治报告中，及时地进一步明确提出马克思主义中国化的历史任务。他说：“使马克思主义在中国具体化，使之在其每一表现中带着必须有的中国的特性，即是说，按照中国的特点去应用它，成为全党亟待了解并亟须解决的问题。”[①] 这里，毛泽东把学会运用马克思主义于中国革命实际，使马克思主义中国化，提到关系着能否肩负起领导抗日战争的历史责任的高度向全党提出。这意味着，马克思主义中国化不仅是个学风问题，而且是关系着党的领导地位和中国革命前途命运的大问题。在这个报告中，毛泽东对马克思主义中国化的阐述，绝非一般的逻辑论证，而是对党内斗争历史经验的深刻总结，是从中国共产党成立近20年的历史经验中得出的至理名言。因为党内“左”、右倾错误，从认识根源上看，都是主观与客观、理论与实际相割裂的必然结果。

马克思主义中国化的含义应该如何理解？综合毛泽东的一系列论述，有以下三点：一是要运用马克思主义的基本原理和它的立场、观点、方法。二是从理论内容讲，“使之在其每一表现中带着必须有的中国的特性”，“按照中国的特点去应用它”。所谓中国的特性，是指总结中国革命独创性经验，从中国特殊国情出发并吸取中国历史优秀文化思想的精华所概括出的理论原则。三是在

① 《毛泽东选集》(第二卷)，人民出版社 1991 年版，第 534 页。

语言形式上，要以新鲜活泼的为中国老百姓喜闻乐见的中国作风、中国气派代替洋八股和教条主义，以民族形式来表述。

因此，创造性、时代性、实践性就成为马克思主义中国化理论的主要特点。毛泽东这时把“马克思主义在中国具体化”提到议事日程，一方面固然是由于共产国际明确表态承认毛泽东在中国共产党中的领袖地位，为此提供了有利条件；更重要的直接动因还在于肃清教条主义的影响的确已成为紧迫的任务。遵义会议虽然结束了王明为代表的“左”倾教条主义的统治，但并未来得及进行思想理论上的清理。王明打着共产国际的旗号，空喊马克思主义口号，在党内俘虏了一部分人。这种情况，对于从中国革命实际出发，运用马克思主义原理制定和推行符合实际的正确路线是个思想障碍；不解决这个问题，中国共产党就不能担负起领导抗日战争的重任。

中国共产党人把马克思主义中国化，曾引起共产国际的误解和指责。共产国际担心中共以乡村为中心，重视农民运动，远离工人阶级，不能够使党布尔什维克化。崔可夫曾在其所著《在华使命》一书中写道，强调马克思主义中国化是“狭隘的民族主义”，是“民粹主义”。苏联塔斯社记者弗拉基米洛夫甚至在《延安日记》中对反教条主义进行责难，认为“教条主义者”这个叫法体现出中共领导对苏联马克思主义和国际主义的公开厌恶。然而，以毛泽东为主要代表的中国共产党人，坚持独立自主的原则，坚持理论与实际相结合的原则，一改教条主义者以所谓“国际利益”实际是以苏联利益为出发点考虑问题的立场，立足于本国实际，将民族利益和中国革命利益放在首位，正确处理爱国主义与国际主义的关系，以此为基点制定和完善党的各项方针政策，在理论上实践上进行了卓有成效的工作。

在抗日战争关键时刻，毛泽东向全党明确提出马克思主义中国化的历史任务，有力地推动了马克思主义中国化的历史进程，为毛泽东思想在多方面展开而达到成熟，为实现马克思主义与中国实际相结合的第一次历史性飞跃开创了新局面。

## （二）从哲学上奠定马克思主义中国化的理论基础

1937 年 7 月，在全国抗日战争爆发前夕，为了贯彻执行以国共合作为基础的抗日民族统一战线政策，开展抗日民族解放战争，从思想认识根源上清理轻视中国革命实践、照搬马克思主义本本的教条主义影响，总结两次国内革命战争的历史经验，制定和执行正确路线，动员和组织千百万群众和一切可能团结的力量，参加抗日民族解放战争，毛泽东在抗日军政大学作了以“实践论”、“矛盾论”为题的著名讲演。他着重用马克思主义的认识论和辩证法观点揭露党内教条主义和经验主义，特别是教条主义的错误。其中心思想是从哲学上论证了理论与实践的统一，强调实践在认识运动中所处的地位和作用，论证了共性和个性的统一，强调具体事物具体分析，把握矛盾特殊性的重要，明确指出：实践是人们认识的基本来源，“真理的标准只能是社会的实践，实践的观点是辩证唯物论的认识论之第一的和基本的观点”，“机会主义和冒险主义，都是以主观与客观相分裂，以认识和实践相脱离为特征的”。①

依据马克思主义认识论和辩证法的观点，毛泽东要求中国共产党人，必须运用马克思主义基本原理和方法，从中国特殊国情出发，总结中国

① 《毛泽东选集》(第一卷)，人民出版社 1991 年版，第 284 页。

革命独创性经验，找出中国革命的特殊规律，概括出符合实际的理论原则，使马克思主义具有中国特性。《实践论》、《矛盾论》既为党的思想路线作出哲学论证，也从哲学上为马克思主义中国化奠定了坚实的理论基础。此后不久，毛泽东便向全党提出了把马克思主义中国化的历史任务。这是他一贯坚持以马克思主义指导中国革命的逻辑发展的必然结果。

## （三）开拓马克思主义中国化的新路子

1941年开展的以反对主观主义特别是教条主义、整顿学风为主要内容的延安整风运动，为把马克思主义中国化提供了成功经验。毛泽东在《改造我们的学习》和《整顿党的作风》报告中，尖锐地批评了那种对国内国际各方面情况不作系统周密的调查研究，“闭塞眼睛捉麻雀”，“瞎子摸鱼”，粗枝大叶，夸夸其谈的主观主义作风，明确提出理论与实际相结合是马克思列宁主义的基本原则，指出“中国共产党人只有在他们善于应用马克思列宁主义的立场、观点和方法，善于应用列宁斯大林关于中国革命的学说，进一步地从中国的历史实际和革命实际的认真研究中，在各方面作出合乎中国需要的历史的理论性的创造，才叫做理论和实际相联系”，这就是“有的放矢”。他说：“马克思列宁主义之箭，必须用了去射中国革命之的。这个问题不讲明白，我们党的理论水平永远不会提高，中国革命也永远不会胜利。”① 毛泽东把理论联系实际、实事求是作为提高马列主义水平、关系革命成败的关键而加以强调，从而引起全党的高度重视。

通过整风运动，党内存在的陋习得到改正，长期被扼杀的新鲜活泼的马克思主义学风，如枯木逢春获得新生。全党思想解放，精神振奋。至此，马克思主义中国化成为自觉的行动。作为马克思主义与中国实际相结合的结晶——毛泽东思想，为全党所共识，并由党的七大确定为党的指导思想载入史册。

---

① 《毛泽东选集》(第三卷)，人民出版社 1991 年版，第 820 页。

## （四）树立马克思主义中国化的光辉典范

毛泽东不仅是马克思主义中国化的奠基人，而且是马克思主义中国化的典范。毛泽东对中国国情深入了解，革命觉悟和理论水平不断提高，当革命转入低潮，很多人为此而悲观、陷于困惑境地之时，他能够及早醒悟到对待马克思主义本本和共产国际决议不能教条式地照搬照抄，必须使之与中国革命实际相结合，并且在实践中运用和发展马克思主义。

在大革命失败的紧急关头，他提出“枪杆子里面出政权”的真理。随后，当秋收起义军攻城受挫，他便率部转向敌人统治薄弱的山区，开辟井冈山革命根据地。鉴于中国社会政治经济发展不平衡和白色政权之间的分裂与战争，他论证了在四周白色政权包围中，能够实行“工农武装割据”，“星星之火，可以燎原”，中国革命应走与十月革命先城市后农村的相反道路——农村包围城市，武装夺取政权的理论。

毛泽东创立了新型的人民军队、马克思主义建军原则和建党原则；运用马克思主义策略思想，创立了抗日民族统一战线的理论及其统一战线中的独立自主原则和又团结又斗争的策略；运用历史唯物主义和辩证法揭示了中国革命战争的特殊规律，创立了一系列中国革命战争的战略战术原则；把统一战线、武装斗争和党的建设总结为中国革命三大法宝，深刻地论述了三者的关系。

毛泽东在民主革命时期，把马克思主义中国化的成果集中起来，创立了新民主主义革命理论。它解决了中国革命的方向和历史方位，开创了中国特色革命道路，实现了马克思主义与中国实际相结合的第一次历史性飞跃，标志着马克思主义与中国实际相结合的产物，即毛泽东思想已成为一个完整的理论体系。

新民主主义革命理论的提出，是毛泽东从中国的特殊国情和所处的国际环境出发，运用科学社会主义基本原理和列宁的民族和殖民地理论，总结近代中国革命经验教训，批判地吸取了中国近代资产阶级民主主义的精华，找到的一条既不走资产阶级共和国道路又非立即进行社会主义革命建立无产阶级专政的社会主义国家，而是经过民主主义革命，在农村建立根据地，农村包围城市、武装夺取全国政权，建立各革命阶级联合的人民民主共和国，然后再逐步过渡到社会主义的崭新道路。这是马克思主义发展史上的一个伟大创举，标志着马克思主义中国化历程中第一个里程碑的树立。

## 三、马克思主义中国化第一次历史性飞跃理论成果的体系结构

### （一）毛泽东思想的科学概念

毛泽东思想形成于 20 世纪 20 年代末期和 30 年代前期，成熟于土地革命战争后期和抗日战争时期，在 1945 年中国共产党第七次全国代表大会确定为党的指导思想并写进了党章。毛泽东思想是一个特定的科学概念。在 20 世纪 40 年代初，中国共产党的一些理论工作者在有关文章中曾提到毛泽东的思想。毛泽东思想正式作为一个科学

概念，最早见于 1943 年 7 月 8 日王稼祥在延安《解放日报》上发表的《中国共产党与中国民族解放的道路》一文。他说，“毛泽东思想就是中国的马克思列宁主义，中国的布尔什维克主义，中国的共产主义”，“它是创造的马克思列宁主义，它是马克思列宁主义在中国的运用和发展”。与此同时，刘少奇在《清算党内的孟什维主义思想》一文中也有类似的阐述。1986 年 8 月 15 日，胡耀邦在《人民日报》上发表的《深切纪念王稼祥同志》一文指出：“他是我们党正式提出‘毛泽东思想’这一科学概念的第一个人。”“毛泽东同志的思想”与“毛泽东思想”，两者 3 字之差，却反映出对它的科学含义理解上的差异。前者是作为一个人的思想；后者发展为一个特定的科学概念，对这一科学概念内涵的理解和阐释，随着历史的发展、思想的丰富而不断深化与明确，成为以毛泽东为代表的中国共产党人集体智慧的结晶，是中国化的马克思主义。

1945 年 4 月，刘少奇在中共七大上所作的《关于修改党章的报告》中，正式阐述了毛泽东思想的科学含义。他说，“毛泽东思想，就是马克思列宁主义的理论与中国革命的实践之统一的思想，就是中国的共产主义，中国的马克思主义”，“就是马克思主义在目前时代的殖民地、半殖民地、半封建国家民族民主革命中之继续发展，就是马克思主义民族化的优秀典型”。此后，1945 年 7 月《解放日报》社论、1940 年《解放》第 3－5 号载文《论毛泽东思想》，以及新中国成立以后直至 1979 年 9 月以前党和国家领导人讲话与学术界，都以中共七大关于毛泽东思想的科学含义为依据。

党的十一届三中全会以来，随着解放思想、实事求是思想路线的恢复与重新确立，党的领导层和理论界对毛泽东思想科学含义的研究进一步丰富与完善，在原来界定的基础上，又增添了“是关于中国革命和建设的正确的理论原则和经验总结”，“是中国共产党集体智慧的结晶”两个含义。党的十一届四中全会上叶剑英在讲话中指出，“毛泽东思想就是马列主义在中国的运用和发展，是马列主义普遍真理同中国革命具体实践相结合的产物”，“毛泽东思想是半个多世纪以来中国革命斗争经验和新社会建设经验的结晶，是中国共产党集体智慧的结晶”。1981 年 6 月召开的十一届六中全会通过的《关于建国以来若干历史问题的决议》中专设“毛泽东的历史地位与毛泽东思想”一节，对毛泽东思想的科学含义作了更加科学、更加完整和严谨的概括。《决议》指出，“以毛泽东同志为主要代表的中国共产党人，根据马克思列宁主义基本原理，把中国长期革命实践中的一系列独创性经验作了理论概括，形成了适合中国情况的科学的指导思想，这就是马克思列宁主义普遍原理和中国革命具体实践相结合的产物——毛泽东思想”，“毛泽东思想是马克思列宁主义在中国的运用和发展，是被实践证明了的关于中国革命和建设的正确的理论原则和经验总结，是中国共产党集体智慧的结晶”。

《关于建国以来若干历史问题的决议》对毛泽东思想含义所作的科学概括，从宏观上指明了毛泽东思想是马克思列宁主义普遍原理和中国革命具体实践相结合的产物。从该《决议》的概括中对其科学含义可以作出四个方面的阐释：毛泽东思想同马克思列宁主义的关系；毛泽东思想同中国革命和建设实践的关系；毛泽东个人与党的领导集体在毛泽东思想创建和发展中的贡献及其关系；毛泽东思想和毛泽东个人晚年所犯错误的区别。

第一，正确地回答了毛泽东思想同马克思列宁主义基本原理的关系。《决议》指出，毛泽东思想是依据马克思列宁主义基本原理提出来的。即从思想体系来说，毛泽东思想是属于马克思主义即共产主义思想体系范畴的，而不是独立于马克思主义思想体系之外的与之并列的思想体系，马克思列宁主义是毛泽东思想的理论基础思想渊源。另外，毛泽东思想又不是马克思列宁主义的照搬，而是有其自己的特点，形成了符合中国实际的科学体系。

第二，正确地回答了毛泽东思想同中国革命和建设具体实践的关系。《决议》指出，它是把中国长期革命和建设具体实践中的一系列独创性经验作了理论概括，从而形成的适合中国情况的科学指导思想。中国的特殊国情，中国共产党领导的中国革命和建设及其所取得的丰富历史经验，是产生毛泽东思想的物质基础，同时，毛泽东思想又是指引中国革命和建设实践斗争夺取胜利的指南。中国革命和建设的具体实践与毛泽东思想的形成和发展，两者是认识运动的辩证关系。如果把马列主义当成教条，不与中国实际相结合，就不能成为行动指南。因此，马克思列宁主义必须与中国革命和建设实践相结合，才能成为指导中国革命和建设夺取胜利的思想武器。毛泽东思想就是这种结合的重大理论成果。

第三，《决议》正确地回答了毛泽东个人和党的领导集体在创立、形成和发展毛泽东思想过程中的地位、作用及其关系。《决议》指出，毛泽东思想是以毛泽东为主要代表的中国共产党人创立的，是中国共产党集体智慧的结晶。作为中国共产党人的马克思主义者，对毛泽东思想的形成和发展都作出了不同程度的贡献，毛泽东是杰出的代表，毛泽东的科学著作是毛泽东思想的集中体现。事实上，毛泽东著作许多篇章是经过党中央有关部门集体讨论、研究后，由毛泽东集中升华而形成文件或报告，有些则是按照毛泽东和党的集体的思想和意志，由相关部门起草，经毛泽东修改定稿的，有的则是由毛泽东和其他领导人分别撰写，最后由毛泽东汇总而成。

第四，《决议》把作为党的指导思想的毛泽东思想同毛泽东晚年的错误理论区别开来。《决议》指出，毛泽东思想是被实践证明了的关于中国革命和建设的正确的理论原则和经验总结，是集体智慧的结晶。因此，不能把毛泽东晚年提出的所谓“无产阶级专政下继续革命”的理论当成毛泽东思想，因为它既违背了马克思列宁主义基本原则，也违背了毛泽东思想根本原则和党内其他一些人的意志，更不符合中国实际，是对当时我国阶级形势以及党和国家政治状况所作的完全错误的估计，显然不属于毛泽东思想范畴。可见，根据《决议》的阐释，毛泽东晚年理论上的错误同毛泽东思想是两个不同范畴，有其各自的内涵。这种区别既是科学的，也是完全必要的。毛泽东是伟大的马克思主义者、无产阶级革命家、战略家和理论家，不能由于他晚年在理论上、实践上犯了错误，由此而怀疑和否定毛泽东思想的科学价值。

## （二）毛泽东思想的科学体系

### 1. 毛泽东思想科学体系形成的客观必然性

毛泽东思想是一个具有自己特色的完整的科学体系。毛泽东的科学著作大都是以毛泽东为主要代表的中国共产党人在领导革命斗争中，有针对性地回答实践中提出的问题所作的报告、讲话，会议总结，或者发出的指示。有的是对敌人的揭露和批判，有的是对党内错误思想倾向的批评，有的是对革命经验的总结、调查研究报告等。人们在阅读若干篇文章或读《毛泽东选集》后，很难形成一个完整的概念，很难了解和把握它的科学体系。因此，邓小平曾指出，毛泽东思想在许多领域发展了马列主义，必须完整地准确地理解毛泽东思想，掌握它的科学体系，用以指导全党的工作，不能断章取义，并号召理论工作者要下功夫认真研究它的科学体系。

毛泽东思想是个科学体系，有其客观依据和实践基础，因此有其形成的客观必然性。这就是中国的特殊国情和中国革命的特点，及中国近代资产阶级革命和共产党领导的革命斗争正反两方面的实践经验。中国共产党领导的中国共产主义运动发生在东方落后的半殖民地半封建社会的中国，这个社会的政权性质、经济形态、阶级与阶级关系、生产力水平、社会主要矛盾等，同资本主义相比都有自己的特殊情况。这种特殊并非指任何国家社会都有的特点，而是指区别于西方资本主义又不同于完全封建主义社会的另一种特殊类型的社会。由此而产生了中国革命的特点，主要是革命的长期性、复杂性、曲折性、艰巨性。

中国革命的特点决定了中国革命经验的全面性、广泛性，既有成功的，也有失败的。对敌斗争既有帝国主义又有国内反动派；对国民党既有过合作又有过斗争；对民族资产阶级和上层小资产阶级及其政党既有联合又有斗争，有以斗争求团结的经验；有领导农民运动和土地革命的经验；有长期国内革命战争的经验，也有反对外敌入侵的民族解放战争的经验；有在国统区合法斗争的经验，也有白区地下斗争的经验；有根据地政权建设的经验，也有经济建设的经验；在对外关系上有处理同共产国际、苏联的关系，也有处理同暂时同盟者及帝国主义敌对势力的关系的经验；在党的建设上有建党的经验，也有处理党内矛盾的经验。

### 2. 体现毛泽东思想科学体系的历史文献

关于毛泽东思想科学体系结构，在毛泽东思想形成过程中及其成熟并被确定为党的指导思想以后，毛泽东本人从未作过阐明和概括。在党的历史上也从来没有专门从体系上进行分析和概括的文件，有的决议也只是从不同角度、不同程度上体现了毛泽东思想体系。迄今为止，在党的历史文献中体现毛泽东思想科学体系的主要有三次：最早见诸历史文献的是 1945 年 4 月中共中央扩大的六届七中全会通过的《关于若干历史问题的决议》；第二次是同年在党的第七次全国代表大会上刘少奇作的修改党章的报告——《论党》；第三次是 1981 年的十一届六中全会通过的《关于建国以来若干历史问题的决议》。尽管这些历史文献是作为报告和决议而发表的，不是正面论述毛泽东思想科学体系，但今天对于我们学习研究毛泽东思想的科学体系仍具有重要价值和指导意义。

《关于若干历史问题的决议》，是在延安整风运动的基础上，中央委员和党的高级干部，经过认真学习马克思主义，系统地阅读了党的六大以来党的重要历史文献，理论联系实际，开展批评和自我批评，总结了建党以来的历史经验，对若干重大历史问题作出的结论。这个文献使全党特别是党的高级干部在马克思主义、毛泽东思想的基础上达到团结一致。《决议》着重批评了土地革命战争时期党内曾经出现的把马克思主义教条化，把共产国际决议和苏联经验神圣化的错误倾向，特别是以王明为代表的“左”倾领导在政治、军事、组织、思想上的错误，高度评价了毛泽东运用马克思列宁主义解决中国革命问题的突出贡献，系统地总结出符合中国革命实际的一整套理论、路线、方针和政策，明确指出对犯错误的同志应采取“惩前毖后，治病救人”的方针。《决议》按照历史唯物主义观点和理论与实践相结合的原则，从中国国情出发，对党的历史问题，实事求是进行分析评价。关于中国革命的理论、路线、方针、政策的阐述，无论是政治战略与策略，还是军事战略与战术，都是以毛泽东的论述为指导，对“左”倾教条主义进行了系统的分析和有说服力的批评。

《关于若干历史问题的决议》从政治上系统而精辟了地阐述了毛泽东关于中国社会性质和革命性质的论断，进一步指出中国革命的基本特点和基本规律，规定了中国革命的长期性和曲折性，能够利用敌人的矛盾，在敌人统治比较薄弱的地区首先建立和保持武装的革命根据地。进而在革命任务和阶级关系的问题上，在革命战争和革命根据地的问题上，在进攻和防御的策略指导上，批评了各次“左”倾路线所犯的错误，在这三个中国革命基本问题上，比较系统地阐述了毛泽东的基本理论和观点。《决议》从军事上系统地比较全面地概括了毛泽东军事思想，明确指出：“毛泽东同志的军事路线从两个基本观点出发：第一，我们的军队不是也不能是其他样式的军队，它必须是服从于无产阶级思想领导的、服务于人民斗争和根据地建设的工具；第二，我们的战争不是也不能是其他样式的战争，它必须在承认敌强我弱、敌大我小的条件下，充分地利用敌之劣点和我之优点，充分地依靠人民群众的力量，以求得生存、胜利和发展。”①《决议》从第一观点出发，论述了毛泽东建军思想，关于红军的宗旨、军事与政治的关系及军队三位一体的任务、军政军民官兵的关系等，批评了军阀主义倾向和单纯军事观点；从第二观点出发，阐述毛泽东关于红军作战形式，人民战争方针及一系列战略与战术原则，批评了各次“左”倾路线在军事上的错误。这样，《决议》关于军事问题，实际上系统地、全面地概括了毛泽东军事思想的基本观点，并体现了军事

① 《毛泽东选集》（第三卷），人民出版社 1991 年版，第 982 页。

思想的体系结构。

《关于若干历史问题的决议》从组织上精辟地概括了毛泽东在古田会议的决议之中，一方面把党的建设提到了思想原则和政治原则的高度，另一方面又坚持严格的民主集中制原则。毛泽东从全党的团结和利益出发，坚持局部服从全体，规定了新干部和老干部，外来干部和本地干部，军队干部和地方干部，以及不同地方、不同地区的干部间的正确关系，把坚持真理的原则性和服从组织的纪律性相结合，把正确地进行党内斗争和正确地保持党内团结结合起来。

《关于若干历史问题的决议》从思想上分析主观主义、形式主义、教条主义和经验主义的思想根源，阐述了辩证唯物主义的认识论与思想方法。《决议》着重指出："经验主义与教条主义的出发点虽然不同，但是在思想方法的本质上，两者都是一致的。他们都是把马克思列宁主义的普遍真理和中国革命的具体实践分割开来，他们都违背辩证唯物论和历史唯物论，把片面的相对的真理扩大为普遍的绝对的真理，他们的思想都不符合于客观的全面的实际情况。”①

《关于若干历史问题的决议》分析了党内产生“左”倾、右倾特别是“左”倾路线的社会历史根源。它从小资产阶级在经济上所处的不稳定地位和他们的生活方式，反映在政治上常常易于左右摇摆，思想方法上表现为主观性和片面性。

《关于若干历史问题的决议》既是对“左”倾教条主义的批判，又是在一定程度上阐述毛泽东关于中国革命的基本原理和党的马克思主义政治路线、军事路线、组织路线及思想路线的历史文献。《决议》初步地体现了毛泽东思想的科学体系，是中国共产党历史上第一次体现毛泽东思想的权威性的论述，但有局限性。

刘少奇在中共七大上作的关于修改党章的报告的第二部分即《论党》中讲到党的指导思想时，论述了毛泽东思想产生的实践基础和客观条件，并把毛泽东思想概括为如下问题：关于现代世界情况和中国国情的分析；关于新民主主义的理论与政策；关于革命战争的理论与政策；关于解放农民的理论与政策；关于革命统一战线的理论与

① 《毛泽东选集》(第三卷)，人民出版社 1991 年版，第 989 页。

政策，关于革命根据地的理论与政策，关于建设新民主主义共和国的理论与政策；关于建设党的理论与政策；关于文化的理论与政策等。报告指出，毛泽东思想从它的宇宙观以至它的工作作风，乃是发展着与完善着的中国化的马克思主义，乃是中国人民完整的革命建国理论。这些理论政策，完全是马克思主义的，又完全是中国的。这是中华民族智慧的最高表现和理论上的最高概括。

我们从这些问题的概括中可以领略毛泽东思想的科学体系，这是按照毛泽东思想的基本原理进行归纳和概括的。从毛泽东思想的内容和科学体系上看，突破了《关于若干历史问题的决议》对毛泽东思想内容和科学体系上的论述的局限性，因而它是毛泽东思想研究历史进程中第一次比较完整、系统的对毛泽东思想体系内容的概括。

《关于建国以来党的若干历史问题的决议》中“关于毛泽东的历史地位和毛泽东思想”一节，实事求是地评价了毛泽东在中国革命中的历史地位，充分论述了毛泽东思想作为我们党的指导思想的伟大意义。《决议》着重从六个方面概括了毛泽东思想独创性的理论：关于新民主主义革命；关于社会主义革命和社会主义建设；关于人民军队的建设和军事战略；关于政策和策略；关于思想政治工作和文化工作；关于党的建设等。同时，《决议》还明确指出，毛泽东把辩证唯物主义和历史唯物主义运用于无产阶级政党的全部工作，在中国革命的长期艰苦奋斗中形成了具有中国共产党人特色的立场、观点、方法。这就是贯穿于上述各个组成部分的毛泽东思想的灵魂——实事求是、群众路线、独立自主。

《关于建国以来党的若干历史问题的决议》是中共历史上对毛泽东思想的独创性所作的比较全面、完整、系统的分析和概括。它比中共七大、《论党》中对毛泽东思想的概括，增添了新的内容，并归类合并作了调整。

## （三）毛泽东思想科学体系的结构与特点

### 1. 毛泽东思想科学体系的结构划分

毛泽东思想的科学体系寓于毛泽东著作中，是客观存在着的，对它的体系内容结构及各个基本原理在整个思想体系中的地位如何分析、概括，并无固定模式。根据毛泽东思想的基本内容和党的几个历史文献，毛泽东思想科学体系的结构基本上可以有三种概括：一是按照马克思主义三个组成部分即哲学、政治经济学、科学社会主义；二是按照政治、经济、文化、军事、党建、国际关系和外交思想等各条战线、各个领域；三是按照中国革命基本问题基本原理。无论按照哪一种方法归纳，都是以基本原理为其基本单位。

第一，按照马克思主义三个组成部分概括。

哲学方面。辩证唯物主义和历史唯物主义贯穿于整个毛泽东思想体系中，包括领导方法和工作方法。体现毛泽东哲学思想著作有些是以哲学原理命名，如《实践论》、《矛盾论》；有些是在阐述战争和战略战术原则的军事著作中，有些在其他著作中。他的哲学著作是对中国革命经验所作的哲学总结，是从世界观和方法论的高度对党内路线错误特别是“左”倾的批判。毛泽东哲学思想有独创性，是对马克思主义哲学的发展，主要表现在：关于唯物主义认识论，把人类实践分为生产斗争、阶级斗争、科学实践；实践在认识过程中的地位、作用和检验真理的标准；能动的反映论；真理的相对性与绝对性；实事求是的观点等。关于辩证法，主要观点有：矛盾的普遍性与特殊性的关系；具体事物具体分析是辩证法的灵魂；对立统一规律和矛盾双方在一定条件下可以互相转化；主要矛盾与次要矛盾；两点论和重点论；战略与战役战术的军事辩证法；对待西方文化、传统文化的科学态度与方法等。关于历史唯物主义，主要观点有：从社会生产方式和政权性质判断社会性质；人心向背对战争胜负的作用、兵民是胜利之本、人民战争方针、群众路线；社会主义社会基本矛盾；判断政党政策和实践的最终标准；对历史人物、历史事件的评价要放在一定历史条件下分析等。

政治经济学方面，主要理论观点有：新民主主义社会中五种经济成分的性质与政策；根据地经济建设与革命战争的关系；开源节流，发展生产、保障供给；财政与经济的关系；生产资料私有制的社会主义改造；关于社会主义社会基本矛盾问题；积累与分配兼顾国家、集体、个人；农轻重的关系等。

科学社会主义方面，主要理论观点有：新民主主义理论；农民在革命中的地位作用，农民各阶层的划分，解决农民问题的根本出路——第一步是“耕者有其田”，第二步走合作化的道路；中国资产阶级有大资产阶级与民族资产阶级之分，两部分具有各自不同的属性与特点；统一战线的理论与策略，又团结又斗争，以斗争求团结、坚持独立自主原则和实现党的领导权的条件、抗日民族统一战线的策略总方针和斗争原则；工农联盟为基础；人民民主专政理论；处理民族问题的原则和基本制度；政治工作是经济工作和其他一切工作的生命线的观点；民族的、科学的、大众的新民主主义文化，对待外国文化、古代文化的方针，百花齐放、百家争鸣；三个世界的划分的理论；独立自主的和平外交政策；政策和策略是党的生命的观点；对敌斗争战略上藐视战术上重视的思想；统一战线的理论与策略；党的建设与政治路线紧密结合、思想建设放在首位、党的三大作风、正确处理党内矛盾的方针、方法等。

第二，按照各条战线、各个领域概括。

政治思想，主要有中国社会性质、革命性质、任务、对象、动力和领导权、步骤与两个阶段的关系、统一战线理论与政策、农村包围城市革命道路、人民民主专政的理论、正确区分和处理两类矛盾的理论；政策与策略经济思想，主要有新民主主义经济三大纲领、新民主主义社会五种经济成分、经济建设与革命战争、财政与经济、发展生产与保证供给、农业手工业的社会主义改造、私营工商业的社会主义改造、兼顾国家集体个人的分配原则；思想政治工作和文化思想，主要有政治工作是一切经济工作生命线的原理、新民主主义文化的内涵、正确对待外来文化和古代文化的方针、发展文化科学的双百方针、文艺与政治的关系等；军事思想，主要有建军原则、人民战争方针、革命战争的战略战术原则、十大军事原则等；党的建设理论，主要有思想建设放在首位、党的三大作风、党建与政治路线的关系、处理党内矛盾的方针方法等；外交思想，主要有三个世界的划分理论、独立自主原则、和平共处五项原则等。各条战线、各个领域的基本原则，以政治理论为主体，各战线各领域的原理紧紧围绕党的政治任务政治路线进行，这是当时中国革命任务及其发展阶段在思想理论上的反映。

第三，按照中国革命基本问题或基本原理概括。

主要是党的十一届六中全会通过的《关于建

国以来党的若干历史问题的决议》所概括的内容，以独创性的理论丰富发展了马克思列宁主义，主要体现为：(1) 关于新民主主义革命的理论，包括革命性质、对象、任务、动力、步骤和统一战线、武装斗争、党的建设在革命中的地位作用，以及农村包围城市、最后夺取全国政权的革命道路；(2) 关于社会主义革命和社会主义建设的理论，主要是农业、手工业和资本主义工商业社会主义改造的理论，人民民主专政的理论，正确处理人民内部矛盾的理论和中国工业化道路理论；(3) 关于人民军队建设和军事战略的理论；(4) 关于政策和策略的理论；(5) 关于思想政治工作和文化工作的理论；(6) 关于党的建设的理论。

### 2. 毛泽东思想体系的鲜明特点

一是全面性与完整性。由于中国特殊国情、革命特点和党领导革命丰富的经验，决定了毛泽东思想体系内容的全面性、完整性。从毛泽东思想体系的主要内容及其结构看，各条战线、各个领域，马克思主义三个组成部分各个学科，中国革命一系列基本问题都有独创性的理论观点，它集中回答了半殖民地半封建社会里，如何进行革命走社会主义道路这一国际共产主义运动史上所未遇到和解决的重大课题，各个基本原理融为一体，有机结合构成了自己的科学体系。

二是独创性。毛泽东思想是马克思列宁主义在中国的运用和发展，是以毛泽东为代表的中国共产党人在长期革命斗争中，根据中国的特殊国情和中国革命独创性经验所作的科学总结，形成一系列符合中国实际的理论原则，构成具有独创性的理论体系。提出了一些不同于经典著作和不同于十月革命、苏联传统模式的新经验、新的理论观点，如新民主主义理论，农村包围城市革命道路，社会主义改造及和平过渡到社会主义的问题。

它的独创性的特点，是由以下两个方面原因促成的：第一，毛泽东思想的故乡中国，不同于马克思主义的故乡西欧和列宁主义的故乡俄国。旧中国是一个以农民为主要群众的、人口众多的、贫穷落后并受帝国主义宰割的半殖民地半封建大国。政治上，对外没有民族独立，对内没有民主；经济上，资本主义虽有一定发展，但封建主义仍占明显优势，政治经济发展不平衡。在这样的特殊国情里，革命对象不是一般的资产阶级，而是帝国主义、封建主义和官僚资本主义；革命性质，不是无产阶级社会主义革命，而是无产阶级通过共产党领导的新式资产阶级民主革命，必须经过新民主主义而后进入社会主义社会；革命动力不仅有工人阶级、农民小资产阶级，而且包括民族资产阶级；革命道路不是城市武装起义，而是农村包围城市；主要斗争形式不是议会斗争，而是武装斗争；工人阶级政党的成分主要不是产业工人，而是农民及其他小资产阶级等。解决这些特殊而复杂的问题，正如列宁所指出的：是"一个全世界共产主义者所没有遇到过的任务"。因此，"必须以一般共产主义的理论和实践为依据，适应欧洲各国所没有的特殊条件，善于把这种理论和实践运用于主要群众是农民，需要解决的斗争任务不是反对资本而是反对中世纪残余这样的条件"。[①] 毛泽东思想就是创造性地运用和发展马克思主义的伟大成果。第二，中国共产党的诞生和毛泽东思想的形成，同马克思列宁主义诞生的时代背景不同。马克思主义诞生在资本主义上升时期。从诞生时起，就在资产阶级的各种诽谤和攻

① 《列宁选集》（第四卷），人民出版社 1995 年版，第 79 页。

击中存在和发展，表现了顽强的生命力。列宁主义诞生时，正值第二国际伯恩施坦修正主义盛行时期。俄国共产党和马克思主义者，进行革命斗争所面临的危险主要的不是“左”而是国际共运中的修正主义。毛泽东思想则是在第二国际已经破产、修正主义已经败阵、十月革命已经胜利，并且由列宁创建的共产国际指导路线在中国革命中已发生重大作用的情况下，中国共产党人所直接接受的是马克思列宁主义，是科学社会主义而不是民主社会主义。大革命失败以后，中国共产党的领导机构中，又出现了“左”倾教条主义。毛泽东以坚定的马克思主义理论勇气和无产阶级革命家的气概，坚决抵制了共产国际“左”的指导路线和党内把马克思主义教条化、把共产国际决议和苏联经验神圣化的错误倾向，旗帜鲜明地提出反对“本本主义”，要重视调查研究，要了解中国国情，并在总结这方面经验的过程中提出了一系列的科学理论。因而，毛泽东思想具有鲜明的独创性特点。

三是实践性与开放性。毛泽东的著作及体现毛泽东思想的中国共产党的文献，都是在革命斗争中产生的，既是实践经验的科学总结，又是指导革命斗争的理论武器，并在斗争中不断发展和完善。中国革命斗争的实践为毛泽东思想科学体系的形成提供了物质基础。这些实践斗争都是客观的、具体的，不是抽象的、推理的。因此，作为指导实践而发表的著作、制定的文件，及其所体现的关于中国革命的理论原则，必须具有鲜明的实践性的特点，并由此而决定了它是开放性的。毛泽东思想体系不是固定不变的，不是封闭式的，而是开放式的。随着历史的推移，中国共产党领导革命与社会主义建设实践的不断发展，斗争经验的不断丰富，毛泽东思想也不断发展，增添新的内容。因此它的思想体系也必须是发展的、开放的。

四是多视角、多层次。毛泽东思想的科学体系寓于毛泽东著作中，既可以按照马克思主义三个组成部分的学科进行概括，也可以按照政治、经济、文化、军事、党建、国际关系与外交等各条战线、各个领域进行概括，还可以按照中国革命基本原理或问题进行概括，或者其他视角概括。毛泽东思想的科学体系具有两个层次：一是它的总体结构，如上述所概括的三种结构，各种结构内容在整个体系的地位作用及其相互关系，这是该体系的最高层次；二是各个基本原理本身自成体系，一个基本原理是由若干观点构成的，并成为一个理论体系，这是该体系的第二层次。

研究和掌握毛泽东思想科学体系的意义在于：一是有助于完整准确地理解毛泽东思想，克服对它的教条化或断章取义及由此而导致的误解，以便真正做到用以指导实践，坚持与发展；二是有助于对作为当代中国马克思主义的邓小平理论与毛泽东思想的关系的认识和理解。

# 四、马克思主义中国化第一次历史性飞跃的进程与规律

## （一）马克思主义中国化的最初标志

第一次国共合作的建立开创了中国革命的新局面，以“五卅”运动为起点掀起了全国革命风暴，以两湖为中心的农民运动和北伐战争的发展，显示了各阶级在中国革命中的地位作用及其对待中国革命的立场和态度。党的四大关于坚持无产阶级在民主革命中的领导权和工农联盟观点的提出，以毛泽东为主要代表的中国共产党的马克思

主义者，根据列宁的民族殖民地问题提纲的基本原理，结合中国实际，先后发表的有关工人阶级的领导作用、农民问题等中国革命基本问题的论述，初步提出了中国新民民主主义革命的基本思想，集中体现在毛泽东所著《中国社会各阶级的分析》及《湖南农民运动考察报告》中，表明了作为指导中国革命的科学思想毛泽东思想有了萌芽。大革命失败以后，20 世纪 20 年代后期和 30 年代前期，毛泽东率先觉醒，着手倡导马克思主义中国化。毛泽东把马克思主义中国化的最初标志包括以下几个方面。

1.《反对本本主义》的发表

1930 年 5 月，毛泽东所著《反对本本主义》一文，冲破了教条主义的束缚，第一次提出了中国共产党人所应坚持的思想路线。它对于农村包围城市革命道路理论的形成，及对毛泽东开始把马克思主义中国化具有极为重要的历史意义。

当时在国际共产主义运动中，在中国共产党内盛行着把马克思主义教条化，把共产国际决议和苏联经验神圣化的错误倾向。共产国际滥用职权，从主观愿望出发，一味地推行他们的进攻路线，在这种政治气氛笼罩下，毛泽东基于他坚定的马克思主义原则精神和他对中国国情的深刻了解、突破政治上的压力和习惯势力，勇敢地提出反对本本主义。一是批评“唯上”思想，深刻指出，不根据实际情况，对上级指示一味盲目执行，单纯建立在“上级”观念上的形式主义的态度是很不对的。二是批评“唯书”思想，深刻指出，“本本主义”的社会科学的研究方法是危险的，强调读马列的书，必须坚持理论与实际结合的原则，明确提出“没有调查，没有发言权”，否则就要产生唯心的阶级估量和唯心的工作指导，就要犯机会主义或盲动主义错误。当时中国共产党的“上级”，指导中国革命的“本本”是什么？就是共产国际的指示和马列的“本本”。毛泽东以辩证唯物主义与历史唯物主义观点，深刻指出：共产党的正确而不动摇的斗争策略，决不是少数人坐在屋子里能够产生的，它是要在群众的斗争过程中才能产生的，这就是说要在实际经验中才能产生。因此，不能以为只要遵守党的第六次代表大会的“本本”就无往而不胜，那是一成不变的保守的形式的空洞乐观的头脑，完全是一种保守路线，这是同共产党人从斗争中创造新局面的思想路线不相容的。这种保守路线如不根本丢掉，将会给革命造成很大损失，也会害了这些同志自己。他明确指出中国革命斗争的胜利要靠中国同志了解中国情况，从中国实际出发，总结中国革命斗争经验，得出符合中国革命实际的科学结论去指导中国革命。毛泽东在这篇文章中所提出的观点是极其可贵的。一是实际上有了实事求是、群众路线、独立自主的重要思想；二是表明了中国共产党人已经开始从迷信“本本”、照搬国际指示的束缚中有所觉悟，主张坚持马列主义与中国革命实际相结合的原则，独立自主地解决中国革命实际问题，这是马克思主义的觉悟，是产生马列主义与中国实际相结合的毛泽东思想的极其重要的思想条件。有了这种觉悟才有可能把马克思主义普遍原理运用于中国革命实际，提出新的科学结论，形成符合中国革命需要的科学思想。毛泽东集中全党智慧，提出关于农村包围城市，最后夺取全国胜利的理论，以及与此相应地提出了在一个落后的农业国里，以农民为主要成分，长期生活于游击战争环境里的共产党如何建设成为无产阶级先锋队，以及建设一支共产党领导下的人民军队的重要思想。因此，《反对本本主义》成为以毛泽东为主要代表的中国共产党人把马克思主义中国化的奠基石。

2. 农村包围城市、武装夺取政权道路理论的形成

1928 年 10 月，毛泽东在为湘赣边界党的第二次代表大会写的决议的一部分《政治问题和边界党的任务》(即《中国的红色政权为什么能够存在?》) 中，提出了“工农武装割据”的思想，着重阐述了在四周白色政权包围之中，一块或若干小块红色政权能够存在的原因和条件。1930 年 1 月，毛泽东写的通信 (即《星星之火，可以燎原》)，着重阐述了建立红色政权的重要性和历史意义，概括了建立红色政权的正确路线和政策。它的正确路线和政策是：“朱德毛泽东式、方志敏式之有根据地的，有计划地建设政权的、深入土地革命的，扩大人民武装的路线”，“政权发展是波浪式的向前扩大的”，要区分统治政权发展及稳定时期和分裂时期。它的作用和意义是“半殖民地中国在无产阶级领导之下的农民斗争的最高形式，和半殖民地农民斗争发展的必然结果；并且无疑义地是促进全国革命高潮的最重要因素”，“成为将来大革命的主要工具”。这里把红军和小

块红色政权的建立同将来夺取全国胜利联系起来，并把它当作取得革命胜利的中心和重点。这就基本上具备了农村包括城市，最后夺取全国胜利道路的思想。这条中国式的独特道路，是马列主义普遍原理和中国革命实际相结合的光辉典范，它既遵循了从巴黎公社到十月革命所提供的武装夺取政权的普遍规律，又是从中国的国情出发，开创了与十月革命相反的道路，中国新民主主义革命正是沿着毛泽东所指引的这条道路取得最后胜利的。因此，可以把这一理论的提出作为毛泽东开始把马克思主义中国化的一个重要标志。1936 年 12 月毛泽东在《中国革命战争的战略问题》中总结了中国革命战争的特点，阐述了半殖民地中国政治经济发展不平衡的规律，并由此而指出中国革命战争有发展和胜利的可能性。到了 1938 年 11 月 6 日，毛泽东在党的六届六中全会上为了批评党内的右倾机会主义，根据中国社会的特点，指出在如何实现武装夺取政权的道路上，中国与俄国不同。他指出，由于中国是半殖民地半封建社会，对内没有民主，无议会可以利用，对外没有独立，“在这里，共产党的任务，基本地不是经过长期合法斗争以进入起义和战争，也不是先占城市后取乡村，而是走相反的道路”。这就明确概括了中国革命道路的问题。翌年 12 月，毛泽东亲自撰写的《中国革命和中国共产党》第二章第二节，在分析中国革命的对象和国情时，又进一步论述了首先在农村建立根据地的必要性、可能性，提出必须将落后的农村建设成先进的巩固的根据地，才能在长期战争中逐步争取革命的全部胜利。这样，使农村包围城市的理论更加系统化完整化并且有了发展。

### 3. 建党建军思想和红军战略战术原则

1929 年 12 月，在福建上杭古田镇召开了中国共产党红四军第九次代表大会。毛泽东根据中央九月来信的指示精神，经过充分的调查研究，为大会起草了决议案，阐明了关于党和军队建设的一些原则问题。毛泽东强调了把党建设成为一个无产阶级政党的重要性。他进一步指出，要着重于从思想上建设党，加强马克思列宁主义教育，改造和克服各种非无产阶级思想，同时，要加强党的组织建设，建立健全民主集中制，正确处理领导和被领导的关系。毛泽东还提出关于人民军队建设的重要思想：红军必须以全心全意为人民服务为宗旨，除了打仗之外，还必须担负起宣传群众、组织群众、武装群众、帮助群众建立革命政权以至于建立共产党组织等项重大任务，必须实行官兵一致、军民一致、军政一致的军内外关系，必须加强政治思想工作。毛泽东初步地解决了在长期处于分散的农村游击战争环境里，以农民和其他小资产阶级为主要成分的党和军队中，如何保持党的无产阶级先锋队性质，以及如何建设党领导下的新型人民军队这样一个根本性问题。这是对马克思列宁主义的重大发展。

与此同时，毛泽东总结了红军作战的实践经验，逐步形成了一整套符合中国战争规律的战略战术原则。井冈山斗争时期，他概括了“敌进我退，敌驻我扰，敌疲我打，敌退我追”的游击战争原则，为我军战略战术原则的形成与发展奠定了基础。自 1930 年到 1931 年 9 月间，毛泽东提出诱敌深入、集中兵力、歼灭战、速决战、运动战等各种有效战法，指挥红军粉碎了蒋介石连续发动的三次反革命“围剿”。

### 4. 土地革命路线和农村革命根据地建设思想

解决农民的土地问题是民主革命的基本内容。毛泽东把马克思主义中国化，立足于中国革命实际，克服来自“左”和右的错误路线干扰，总结中国革命斗争的经验，集中全党的智慧，逐步形成了一套符合中国情况的土地革命理论和路线。毛泽东在1934年1月召开的中华苏维埃共和国第二次全国苏维埃代表大会上的报告中指出，“土地斗争的阶级路线，是依靠雇农贫农，联合中农，限制富农，与消灭地主。这一路线的正确应用，是保证土地斗争胜利发展的关键，是苏维埃每一对于农村的具体政策的基础”。[①] 分配土地的正确方法是，以乡为单位，按人口平均分配土地，以农民原有耕地为基础，实行抽多补少，抽肥补瘦。毛泽东领导制定的土地分配方法和土地革命路线，符合中国的实际情况，体现了马克思主义的策略原则。

无论在井冈山革命根据地创建时期，还是在1931年中华苏维埃共和国临时中央政府成立之后，毛泽东都十分重视农村革命根据地建设问题。关于经济建设：第一，要充分认识根据地经济建设的重要性，正确处理经济建设和革命战争的关系；第二，经济建设要以保证战争供给、改善人

---

① 《中央革命根据地史料选编》（下册），江西人民出版社1982年版，第320页。

民生活为目的；第三，要坚持发展国营经济和合作经济，奖励私人经济的发展；第四，要把农业生产摆在首要位置，发展工业生产，发展对外贸易，发展合作社；第五，大力发展国民经济，以增加财政收入，在财政支出上，要厉行节约，反对贪污和浪费行为。关于政权建设：一方面，要坚持民主集中制度，充分发扬人民民主，具体而言，就是要做好选举工作，发挥人民代表作用并且保证人民的民主和自由权利；另一方面，要加强对反动阶级的专政，不给反动阶级自由民主权利，镇压一切反革命活动。关于文化教育建设：我们的文化教育方针“在于以共产主义的精神来教育广大的劳苦民众，在于使文化教育为革命战争与阶级斗争服务，在于使教育与劳动联系起来，在于使广大中国民众都成为享受文明幸福的人”。①

在20世纪20年代后期30年代前期，以毛泽东为代表的中国共产党人，在同党内出现的把马克思主义教条化、把共产国际决议和苏联经验神圣化的错误倾向的斗争中，坚持马克思列宁主义暴力革命的原则，总结中国革命的独特经验，创

① 《中央革命根据地史料选编》（下册），江西人民出版社1982年版，第331页。

造性地提出了具有中国特色的农村包围城市、武装夺取政权的理论，阐明了关于中国革命基本问题的理论和政策。与此同时，毛泽东还发表了《调查工作》一文，初步阐述了党的思想路线和马克思主义中国化的原则。在这种历史条件下，马克思主义中国化的创新理论——毛泽东思想产生了。农村包围城市、武装夺取政权道路理论的提出以及《反对本本主义》的发表，是毛泽东初步实现马克思主义中国化的最主要标志。

## （二）中国化马克思主义科学体系的基本形成

马克思主义中国化的毛泽东思想产生前后，不断遭到党内“左”倾错误，特别是王明“左”倾路线的干扰。遵义会议结束了以教条主义为特征的王明“左”倾冒险主义在中央的统治，党的路线转移到马克思主义轨道上来。中国革命出现了由第五次反“围剿”失败到抗日战争兴起的历史转机。红军长征的胜利，中共中央在陕北的奠基，使毛泽东有时阅读马克思主义经典著作，从政治上、军事上、哲学上总结中国两次国内革命战争正反两方面的经验，发表了《论反对日本帝国主义的策略》、《中国革命战争的战略问题》、《实践论》、《矛盾论》等著作，从理论上解决了政治路线、军事战略战术原则和思想路线，在多方面发展了马克思列宁主义。它表明，马克思主义中国化已经形成体系——毛泽东思想科学体系基本形成。

### 1. 抗日民族统一战线理论的提出

1935 年华北事变后，中日民族矛盾日益突出，国内阶级关系发生重大变化，在中国共产党“八一宣言”的号召和影响下，全国掀起了抗日救亡运动的新高潮。1935 年 10 月，中央红军到达陕北，同年 11 月发布《抗日救国宣言》，12 月作出《中共中央关于改变富农策略的决定》。决定指出，对于富农只取消其封建式剥削部分，其他经营的土地、商业和财产不予没收；苏维埃政府应保障富农扩大生产与发展工商业等自由。12 月 25 日，中央政治局在瓦窑堡会议上通过《中央关于目前政治形势与党的任务决议》，会后，毛泽东根据会议精神发表了《论反对日本帝国主义的策略》

的讲演。这标志着中国共产党在政治策略上认真纠正“左”倾关门主义，实行统一战线政策的重大转变。之后，1936 年 5 月 5 日党中央发表《停战议和，一致抗日通电》，9 月向党内发出《关于逼蒋抗日问题的指示》，12 月《中央关于西安事变及我们任务的指示》，1937 年 2 月《中共中央给中国国民党三中全会电》，5 月毛泽东又发表《中国共产党在抗日时期的任务》和《为争取千百万群众进入抗日民族统一战线而斗争》等。党中央发表的决议及毛泽东的著作，形成了我党关于统一战线的理论。

第一，论述了同资产阶级建立统一战线的可能性和必要性。在中国革命统一战线中，一个非常重要的问题，就是和资产阶级关系问题，中国的资产阶级分为民族资产阶级和大资产阶级两部分。民族资产阶级是一个具有两面性的阶级。

毛泽东指出：“民族资产阶级是一个复杂的问题。”“民族资产阶级同地主阶级、买办阶级不是同一的东西，他们之间是有分别的。民族资产阶级没有地主阶级那样多的封建性，没有买办阶级

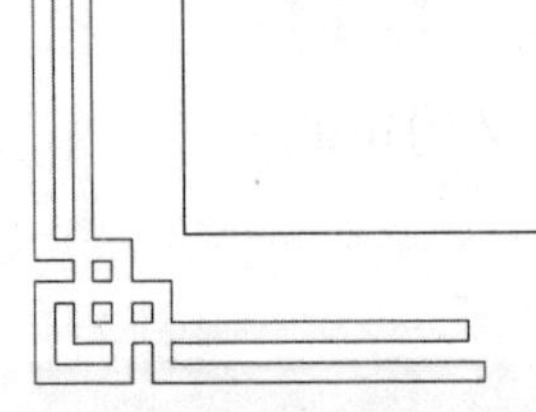

那样多的买办性。”[①] 在这个阶级当中又能左翼与右翼的不同，一部分民族资产阶级和帝国主义、封建势力，买办阶级联系较多的，这是民族资产阶级的右翼，另一部分和帝国主义、封建势力、买办阶级联系较少的为民族资产阶级的左翼。这个阶级具有两面性，一方面不喜欢帝国主义，一方面又怕革命的彻底性，“他们在这二者之间动摇着”。在斗争的某些阶段，“他们中间的一部分（左翼）是有参加斗争的可能的。其另一部分，则有由动摇而采取中立态度的可能”。[②] 1924～1927年，民族资产阶级参加了反帝反封建的斗争。大革命失败后，他们却站到买办阶级那边了。1931年“九一八”事变以后，中华民族面临亡国的威胁，在这种形势下，民族资产阶级又有抗日救国的要求和行动。毛泽东鉴于民族资产阶级的两面性及其表现，提出和民族资产阶级建立统一战线是可能的。当前党的任务，就是要把红军的活动和全国的工人、农民、学生、小资产阶级、民族

① 《毛泽东选集》（第一卷），人民出版社 1991 年版，第144～145 页。

② 《毛泽东选集》（第一卷），人民出版社 1991 年版，第144～145 页。

资产阶级的一切活动汇合起来，成为一个统一的民族革命战线。

买办阶级是资产阶级中的反动部分。毛泽东指出，“他们组成了一个卖国营垒”，他们和帝国主义、封建势力勾结在一起，压迫和剥削中国人民。这一卖国营垒是“中国人民的死敌”，但是买办阶级中也是有矛盾的。由于中国是许多帝国主义争夺的半殖民地，各帝国主义都在寻找自己在中国的代理人，这就使中国买办阶级中出现了隶属于不同帝国主义的派别，这些派别呈现出矛盾和斗争很复杂的情况。他们的矛盾和斗争，正如毛泽东分析的：“这不过是大狗小狗饱狗饿狗之间的一点特别有趣的争斗，一个不大不小的缺口，一种又痒又痛的矛盾。”无产阶级在革命斗争中，为了反对当前的最主要的敌人，“我们要把敌人营垒中间的一切争斗、缺口、矛盾，统统收集起来，作为反对当前主要敌人之用”。[①] 因此，在革命的一定时期里，和一部分大资产阶级建立暂时的同盟关系也是有利于革命的。

1935 年日本帝国主义加深了对中国的侵略，

① 《毛泽东选集》(第一卷)，人民出版社 1991 年版，第 148 页。

加剧了帝国主义之间的矛盾，侵害了英、美等帝国主义在华的利益。在这种情况下，隶属于英美派的买办阶级对日本态度也随之发生了一些变化。毛泽东认为在这种情况下，采取正确的政治策略，就可能促成亲英美派的蒋介石集团走上反日的道路。无产阶级和大资产阶级建立抗日民族统一战线，实行第二次国共合作。为此，在 1936 年 5 月 5 日发出“停战议和一致抗日”的通电。同年 8 月 25 日又发出《中国共产党致中国国民党书》，表示“我们愿意同你们结成一个坚固的革命统一战线”。9 月 1 日在中共中央《关于逼蒋抗日问题的指示》中指出：“目前中国人民的主要敌人是日本帝国主义，所以把日本帝国主义与蒋介石同等看待是错误的。”为此，党中央指出：“我们的总方针是逼蒋抗日。一方面继续揭破他们的每一退让、妥协、丧权辱国的言论与行动，另一方面要和他提议与要求建立抗日的统一战线，订立抗日的协定。”1936 年 12 月发生张学良、杨虎城扣留蒋介石于西安的西安事变，要求蒋介石停止内战，共同抗日。中国共产党，为了民族的利益，经过审慎的考虑，决定争取以和平解决的方针。西安事变的和平解决，基本上实现了党的停止内战，一致抗日的方针。西安事变后，中国共产党和国民党进行第二次合作的谈判。

建立统一战线的必要性是由敌强我弱和中国革命发展不平衡性和革命的长期性决定的。毛泽东指出："由于中国政治经济发展的不平衡，产生了革命发展的不平衡。"要把这种不平衡状态发展到大体上平衡的状态，不但需要很长的时间，而且要花费很大的气力，还需要党的路线正确。由于这个特点而产生中国革命的另一个特点，这就是中国革命的长期性。中国革命的这两个特点决定着无产阶级领导的革命必须团结一切可能团结的力量，组成广泛的革命统一战线，才能保证和加速中国革命的胜利与缩短革命胜利的时间。由于中国革命和敌人是十分强大的，不但有帝国主义，而且有封建势力和买办阶级。为了战胜强大的敌人，需要"招收广大的人马，好把敌人包围而消灭之"。毛泽东指出：只有正确地估计敌我双方的强点和弱点，才会"足够地估计到组织广泛的民族革命统一战线的必要性"，才会"拿着统一战线这个武器"，"向着日本帝国主义及其走狗中国卖国贼这个中心的目标而攻击前进”，[①] 才会坚决地反对关门主义的“孤家寡人”的策略。

第二，阐述了无产阶级在革命统一战线中必须坚持领导权的思想。参加统一战线的阶级除工人阶级外，还有农民阶级、城市小资产阶级、民族资产阶级，在一定条件下还有大资产阶级。由于他们的阶级地位和利益不同，决定着他们在统一战线中的地位、作用与他们之间的相互关系。坚持无产阶级的领导权则是正确处理统一战线各阶级关系的关键环节。毛泽东指出：“使无产阶级跟随资产阶级呢，还是使资产阶级跟随无产阶级呢？这个中国革命领导责任的问题，乃是革命成败的关键。”[②] 毛泽东总结两次中国革命中关于实现无产阶级领导权方面的经验教训，提出了无产阶级经过它的政党实现对于全国革命阶级的政治领导的基本办法。第一，“是根据历史发展行程提出基本的政治口号，和为了实现这种口号而提出关于每一发展阶段和每一重大事变中的动员口号”，[③] 作为全国人民一致行动的目标，没有这种

---

① 《毛泽东选集》（第一卷），人民出版社 1991 年版，第 154 页。
② 《毛泽东选集》（第一卷），人民出版社 1991 年版，第 262 页。
③ 《毛泽东选集》（第一卷），人民出版社 1991 年版，第 262 页。

目标，是无所谓政治领导的。第二，共产党的组织和党员要成为实现党的政治口号的模范，带领广大群众为实现党的政治目标而奋斗。第三，“在不失掉确定的政治目标的原则上，建立与同盟者的适当的关系，发展和巩固这个同盟”。[①] 第四，要保持共产党队伍的发展，思想的统一性，纪律的严格性。毛泽东指出：“共产党对于全国人民的政治领导，就是由执行上述这些条件去实现的。这些条件是保证自己的政治领导的基础，也就是使革命获得彻底的胜利而不被同盟者的动摇性所破坏的基础。”[②]

第三，规定了对民族资产阶级的基本政策。毛泽东依据民族资产阶级的政治和经济上的两重性，提出在政治上实行又团结又斗争的政策。为此，在1935年12月召开的瓦窑堡会议上，决定把工农共和国的口号改为人民共和国的口号。对民族资产阶级的动摇性给予批评或必要的斗争；在经济上，确立保护民族工商业的政策。毛泽东指出：在资产阶级民主革命时期，“并不反资本主义”，“并不没收民族资产阶级的工商业，而且还

① 《毛泽东选集》（第一卷），人民出版社1991年版，第263页。
② 《毛泽东选集》（第一卷），人民出版社1991年版，第263页。

鼓励这些工商业的发展。任何民族资本家，只要他不赞助帝国主义和中国卖国贼，我们就要保护他”。

第四，大地主大资产阶级营垒不是铁板一块，必须调整我党同国民党关系的政策。中国共产党在和平解决西安事变以后，为了推动蒋介石集团参加抗日民族统一战线，促进国共合作的实现，在1937年2月10日中国共产党致国民党三中全会电中，提出了五项要求：停止内战，一致对外；保障民主自由，释放一切政治犯；召集各党派代表会议，共同救国；实现对日作战准备；改善人民生活。中国共产党表示如国民党能实现上述五项要求，共产党愿意实行停止武装推翻国民党的方针，红军和根据地改为国民革命军和特区政府，在特区内实施民主制度，停止没收地主土地的政策等四项保证。调整国共关系，为建立包括蒋介石集团参加的抗日民族统一战线规定了正确的政策。毛泽东把革命的坚定性与斗争策略的灵活性结合起来，正确地处理了革命和让步的关系，结束了国内两个政权对立的状态，为“团结一致，共同赴敌”创造了条件。

### 2. 中国革命战争的战略战术思想

1936年12月，毛泽东系统地总结了中国革命战争正反两个方面的经验，对中国革命战争中的独特经验作了概括，发表了《中国革命战争的战略问题》这篇著名军事著作。毛泽东在这部著作中，系统地阐述了中国革命战争的规律和战略战术原则。其主要内容有以下几个方面：

第一，正确地分析了中国革命战争的特点，阐明了中国革命战争的基本规律。中国革命战争和列宁斯大林领导的苏联内战不同，苏联的军事经验是不能照搬到中国的。第五次反“围剿”中，就是无视中国革命战争的不同于苏联内战的特点，照搬苏联军事经验，结果使第五次反“围剿”遭到严重失败。毛泽东指出：“不了解中国革命战争的特点，就不能指导中国革命战争，就不能引导中国革命战争走上胜利的途径。”①

毛泽东分析中国革命战争时指出，中国革命战争有四个特点，这就是：中国是“经过了一次大革命的政治经济发展不平衡的半殖民地的大国，

① 《毛泽东选集》(第一卷)，人民出版社1991年版，第187页。

强大的敌人，弱小的红军，土地革命——这是中国革命战争四个主要的特点”。[①] 接着，毛泽东详细地分析了各个特点，并指明各个特点在战争中的作用。中国革命战争的第一个特点是，中国是一个政治经济发展不平衡的半殖民地的大国，而又经过了 1924 年至 1927 年的革命。第二个特点是敌人的强大。第三个特点是红军的弱小。第四个特点是共产党的领导和土地革命。毛泽东在分析了中国革命战争的四个特点之后指出：“第一个特点和第四个特点，规定了中国红军的可能发展和可能战胜其敌人。第二个特点和第三个特点，规定了中国红军的不可能很快发展和不可能很快战胜其敌人，即是规定了战争的持久，而且如果弄得不好的话，还可能失败”，“这是中国革命战争的根本规律，许多规律都是从这个根本规律发生出来的”。[②]

第二，制定了在敌强我弱的形势下，实行战略的持久战和战役战斗的速决战，把战略上的劣势转变为战役战斗上的优势，集中优势兵力各个歼灭敌人等一系列的战略战术。

① 《毛泽东选集》(第一卷)，人民出版社 1991 年版，第 187 页。
② 《毛泽东选集》(第一卷)，人民出版社 1991 年版，第 191 页。

关于实行战略的持久战和战役战斗的速决战的原则，毛泽东指出："战略的持久战，战役和战斗的速决战，这是一件事的两方面，这是国内战争的两个同时并重的原则，也可以适用于反对帝国主义的战争。"[①] 由于中国革命战争的基本特点之一是敌强我弱，敌大我小，因此规定了我们的革命战争的"长期作战的战略方针"，这是我们战略指导的重要思想。但是，"战役和战斗的原则与此相反，不是持久而是速决"。我军从整体上来看，是一个弱军，武器装备等没有来源，因为国民党军队比人民军队强大得多，它有许多支军队，而我们只有一支部队，敌人进攻我们的队伍比较密集，我们打它其中一股，如不能速决，其余敌人就会迅速上来。基于上述原因，在战役战斗上，必须采取速决的原则。

关于集中优势兵力，各个歼灭敌人的原则。这是以弱军战胜强敌的重要的战术原则。毛泽东说："我们的战略是'以一当十'，我们的战术是'以十当一'，这是我们制胜敌人的根本法则之一。"从战略上来说，从全局上来说，我们要以弱

① 《毛泽东选集》(第一卷)，人民出版社 1991 年版，第 191 页。

胜强，这是对的，也是能够做到的。但是，要以弱胜强，就需要在战役战斗上，集中优势兵力，达到歼灭敌人一部的目的。积小胜为大胜，逐步达到战胜敌人的战略目的。毛泽东在论述集中优势兵力的重要性时说：集中优势兵力是为了改变进退的形势，改变攻守形势和改变内外线的形势，将敌军对我军的战略上的优势，改变为我军对敌军的战役战斗上的优势，将战略上处于强者地位的敌军，使之在战役或战斗上处于弱者的地位。同时，将自己战略上的弱者地位，使之改变为战役战斗上的强者的地位。毛泽东同志指出，我们的胜利，“基本上靠了集中兵力的一着”。

关于游击战和运动战的作战方针。运动战是我军的基本作战形式，所以采取这种作战形式，是由于敌大我小，因此，不可能有固定的作战战线。战争的目的在于保存自己，消灭敌人，消灭敌人是作战的主要目的，而不在于一城一地的得失。由于作战时有时出现敌多、敌几路密集、敌有巩固的阵地等情形，在这些情况下，出现了不好打的条件，因此，我军要采取“走”的方针，以便寻找敌人弱点，创造“打”的条件。毛泽东指出，由于我们“在没有广大兵力，没有弹药补充，每一个根据地打来打去，只有一支红军的条件下”，[①] 其基本的作战形式是运动战。游击战也是我军一种重要的作战形式，我军是从游击战中发展起来的。在红军发展到具有较大兵力的条件下，游击战争不能是主要作战形式，但是，它也是一个不可缺少的作战形式。毛泽东指出，“人民的游击战争，从整个革命战争的观点看来，和主力红军是互为左右手，只有主力红军而无人民的游击战争，就像一个独臂将军。根据地的人民条件，具体地说来，特别是对于作战说来，就是武装起来的人民。敌人视为畏途，主要地也在这一点”。[②]

**3. 从实际出发，理论联系实际，实事求是理论基础的奠定**

毛泽东继发表《论反对日本帝国主义的策略》和《中国革命战争的战略问题》以后，把政治路线问题提高到哲学世界观、认识论和方法论的高度，发表了著名的《实践论》、《矛盾论》，从哲学上对两次国内革命战争进行了总结。

---

① 《毛泽东选集》(第一卷)，人民出版社 1991 年版，第 228 页。
② 《毛泽东选集》(第一卷)，人民出版社 1991 年版，第 229 页。

毛泽东在《实践论》中，阐述了认识和实践、知和行的关系。马克思主义认为，人类的社会实践是人的认识发展的来源。社会实践活动中的生产活动，是人的认识发展的基本来源。随着人类社会的生产活动的发展，人们的认识，不论对于自然界方面，还是对于社会方面，也都是一步又一步地由低级向高级发展。因此，马克思主义的认识论把实践提到第一的地位，认为人的认识来源于实践，强调理论对于实践的依赖关系。指出理论的基础是实践。判定认识或理论是否是真理是依客观上社会实践的结果如何而定，是“通过实践而发现真理，又通过实践而证实真理和发展真理”。因此，毛泽东指出：“实践的观点是辩证唯物论的认识论之第一的和基本的观点。”

毛泽东阐述了人的认识是从感性认识而能动地发展到理性认识，又从理性认识而能动地指导实践，改造客观世界和主观世界的辩证关系。他指出：“实践、认识、再实践、再认识，这种形式，循环往复以至无穷，而实践和认识之每一循环的内容，都比较地进到了高一级的程度。”

毛泽东还从认识论观点上批判了党内的“左”右倾机会主义。他指出，右倾机会主义者“不能随变化了的客观情况而前进”。这些人看不出矛盾的斗争已将客观过程推向前进了，而他们的认识仍然停止在旧阶段。这样，他们的思想就脱离了社会实践。他们是不能站在社会车轮的前头充任向导的工作，他们总是跟在社会车轮的后面怨恨车子走得太快了，企图把它向后拉，开倒车。党内“左”倾机会主义，他们的思想超过客观过程的一定发展阶段，有些把幻想看作真理，有些则把仅在将来有现实可能性的理想，勉强地放在现时来做，离开了当前大多数人的实践，离开了当前的现实性。毛泽东在分别分析“左”、右倾机会主义之后指出：他们“都是以主观和客观相分裂，以认识和实践相脱离为特征的”。而马克思主义者则应该是“主观和客观、理论和实践、知和行的具体的历史的统一，反对一切离开具体历史的‘左’的或右的错误思想”。

毛泽东继《实践论》后，又发表了《矛盾论》，在这部著作中明确地阐述了发表《矛盾论》一书的目的。他说：“我们现在的哲学研究工作，应当以扫除教条主义思想为主要的目的。”毛泽东在这部著作中，深刻地阐述了马克思主义的唯物论辩证法的对立统一这个最根本的法则。他说，弄清了对立统一法则就从根本上懂得了唯物辩证法。为此，他在书中着重地阐述了矛盾的普遍性，矛盾的特殊性，主要矛盾和矛盾的主要方面，矛盾诸方面的同一性和斗争性，对抗在矛盾中的地位等问题。通过对这些问题的阐述在于说明共产党人领导革命，一定要坚持把马克思列宁主义普遍原理和中国革命实践相结合的原则。

毛泽东在阐述矛盾的普遍性时指出："矛盾存在于一切事物过程中，并贯串于一切过程的始终，没有什么事物是不包含矛盾的，没有矛盾就没有世界。"因此，承认或不承认矛盾的普遍性，这是马克思主义和党内右倾机会主义的区别。

毛泽东着重阐述了矛盾的特殊性。世界上的不同事物，都包含着不同的矛盾。每个事物内部矛盾着的各个方面各有其特点。解决不同的矛盾必须用不同的方法。在论述矛盾的普遍性和特殊性的关系时，他指出，没有离开特殊性而孤立存在着的普遍性，也没有不包含普遍性的特殊性。矛盾的普遍性寓于特殊性之中。具体地分析具体的情况，是马克思主义的活的灵魂。党内的教条主义则完全违反这一原则，他们拒绝对具体事物进行具体分析，不了解用不同的方法去解决不同的矛盾。因此，他们在领导中国革命中，不分析和研究中国国情，把共产国际的决议和苏联的经验生搬硬套于中国革命，结果犯了教条主义错误。

毛泽东在阐述主要矛盾和矛盾的主要方面时指出，在复杂的事物中存在着多种矛盾，但其中必有一种是主要矛盾。主要矛盾在事物发展过程中起领导和决定作用，在一对矛盾中又有主要方面和次要方面之分，主要矛盾决定事物的性质。在半殖民地半封建的社会里，始终存在着帝国主义同中国民族的矛盾、封建势力同人民大众的矛盾。而每个历史发展阶段随着阶级关系的变化，两种矛盾互有消长。党内的教条主义否认事物发展中各种矛盾的消长变化，分不清主要矛盾和次要矛盾。他们在“九一八”事变以后，把中间势力当做“最危险的敌人”，犯了冒险主义与关门主义错误，结果孤立了自己。

毛泽东分析了矛盾的同一性和斗争性。任何事物的矛盾双方都包含着同一性和斗争性。矛盾的对立双方互相依存、依据一定的条件互相转化；又互相排斥、互相斗争、互相对立。矛盾双方又统一又斗争，由此推动事物的运动和变化。党内的教条主义者否认矛盾双方的同一性。在对待民族资产阶级政策上，只讲斗争，不讲联合。

《实践论》、《矛盾论》阐述的马克思主义认识论和唯物辩证法，告诫中国共产党人，必须坚持一切从实际出发、理论联系实际的原则，认清中国特殊国情，具体情况具体分析，从而批判了主观主义特别是教条主义，为党的马克思主义思想路线奠定了坚实的哲学基础，丰富和发展了马列主义哲学思想。随着党的政治路线、军事路线和思想路线的正确确立，毛泽东把马克思主义中国化的思想体系已基本形成。

## （三）中国化马克思主义科学体系的完整化

抗日战争时期，毛泽东把马克思主义中国化进程推向高峰。抗日战争是在中国共产党倡导的、以国共合作为基础的、抗日民族统一战线旗帜下进行的。它是一个大而弱的半殖民地半封建中国对一个小而强的帝国主义日本所进行的、在中国近现代史上规模最大、时间最长的一次反侵略战争。它向战争的组织者和领导者提出了一系列新的迫切需要回答的重大理论与实践问题，同时也提供了许多解决这些课题的历史条件和新鲜经验。以毛泽东为代表的中国共产党人在系统总结了两次国内革命战争经验的基础上，紧密地结合抗日战争的伟大实践，把它加以升华并在抗日民族统一战线理论与策略、武装斗争和党的建设，特别是新民主主义革命理论等各方面加以展开，从而使马克思主义中国化的毛泽东思想形成一个完整系统的科学体系。

中国化的马克思主义思想体系系统化的主要标志为：

第一，关于抗日民族统一战线的理论和策略的系统化。抗日民族统一战线构成的成分、党派是极为广泛而复杂的。以国共两党合作为基础，分为左、中、右三种势力。国民党是掌握全国统治权力的执政党，国共两党分别都有各自的政权和军权，从各自的立场出发，从过去两党关系中汲取不同的历史经验，并且在抗日问题上形成片面抗战和全国抗战两条不同的指导路线。加之两党合作没有像第一次合作那样结成一个统一的组织形式，因而加剧了统一战线内部矛盾和斗争的复杂性、曲折性和艰巨性。抗战初期党内出现了王明新投降主义。毛泽东以马克思主义敏锐的目光，清醒地看到了团结抗战的大局和统一战线内部的阶级与阶级矛盾，正确地分析和处理民族矛盾与阶级矛盾的关系。1938 年 10 月，在党的六届六中全会上作了《论新阶段》的报告和《统一战线中的独立自主问题》、《战争和战略问题》的演讲，深刻地批评了王明新投降主义，强调指出必须坚持抗日民族统一战线中的独立自主原则。不久，针对国民党顽固势力的反共逆流和妥协、动摇、降日的倾向，毛泽东于 1940 年发表了《目前抗日统一战线中的策略问题》和《论政策》等重要文章，提出并阐述了发展进步势力、争取中间势力、孤立顽固势力的策略总方针和有理、有利、有节的斗争原则以及又联合又斗争，以斗争求团结的政策，从而有力地打退了国民党顽固势力的反共逆流，坚持了统一战线，维护了全国抗战的大局，终于赢得了抗战的胜利。

第二，关于抗日战争的军事方针和战略与战术原则。抗日战争面对的敌人不是一般的帝国主义，而是具有浓厚封建色彩的军事法西斯主义，并且拥有用现代化装备的军队。其特点是野蛮、凶恶、残暴、顽固。中国方面抗战的军事力量大部分掌握在国民党手中，而国民党又推行片面抗战路线。共产党领导下的人民军队数量既少，装备又简陋，物质供应极为匮乏。从战争性质说来，中国是反对外敌入侵的民族解放战争。这就提出了如何以弱胜强，实行什么样的军事方针和战略战术原则等一系列新的重大课题，同时也为此创造出新鲜经验。抗战爆发不久，中国共产党的领导人相继发表意见，论证了持久战的军事方针。与此同时，国民党方面开始散布“速胜论”或“亡国论”的论调，在群众中造成思想上的混乱。为了澄清思想上的混乱，坚定人们坚持抗战的信念，毛泽东集中党的领导者的集体智慧，运用唯物辩证法和历史唯物主义，于 1938 年 5 月发表了著名的《论持久战》。首先，全面地辩证地分析了中日战争所处的历史时代、中日双方互相矛盾的基本特点，指明了抗日战争发展的规律和最后结局。论证了随着战争时间的推移，敌之优势逐渐削弱，劣势日益暴露；与此相反，我之优势逐渐增强，劣势日减，从而在持久战中改变双方力量对比，最后的胜利属于中国。持久战将呈现出战略防御、战略相持、战略反攻三个阶段。中日战争将是一场军事、政治、经济和文化各方面的大较量。其次，运用人民群众是历史的创造者，是社会实践的主体这一历史唯物主义基本观点，形成了完整的人民战争思想。毛泽东在《论持久战》一文中精辟地指出，“兵民是胜利之本”，“战争的伟力之最深厚的根源，存在于民众之中”。在实施人民战争的方针中创造了野战军、地方武装和民兵三结合的武装力量体制和人民战争的组织形式。最后，明确指出抗日游击战争的战略地位及防御中的进攻、持久中的速决、内线中的外线作战等一系列战略与战役的辩证关系。总之，毛泽东关于中日双方四个基本特点及其变化，关于持久战和人民战争的战略方针、抗日战争发展的三个阶段，关于抗日游击战争的战略地位、人民战争战略与战役的辩证关系的系列论述，深刻地揭示了民族解放战争中弱国战胜强国的规律，成为打败日本侵略者的马克思主义军事方针。

第三，关于加强党的建设、正确处理党内矛盾的形式、方针和方法。1941 年 2 月到 1943 年 10 月，中国共产党开展了整风运动。毛泽东先后作了《改造我们的学习》和《整顿党的作风》的报告，明确指出对待马克思主义有两种截然对立的态度和方法。并提出理论联系实际，实事求是的原则；批评与自我批评的方法；对待犯错误的同志采取“惩前毖后，治病救人”的方针。1945年在党的七大上，毛泽东在《论联合政府》的报告中进一步概括出党的三大作风即理论联系实际、密切联系群众、批评与自我批评。

第四，新民主主义革命理论的系统化。新民主主义革命理论是中国共产党人的伟大创造，是在领导人民革命斗争中集体智慧的结晶，毛泽东对此作出了杰出贡献。他在1939年写的《青年运动的方向》一文中，首先使用与新民主主义革命含义相同的“人民民主革命”的概念。在《中国革命和中国共产党》一文中，首次提出“新民主主义革命”这一崭新的科学概念。发表《〈共产党人〉发刊词》和《新民主主义论》等著作，系统地阐述了新民主义革命理论，使这一理论形成一个完整体系，成为毛泽东思想的主体。它圆满地解决了具有中国特色革命道路问题，是马克思主义与中国革命实践相结合的第一次历史性飞跃，标志着毛泽东思想的理论体系完整化和毛泽东思想的成熟。首先，中国的特殊国情半殖民地半封建社会性质是新民主主义革命理论的客观依据。毛泽东指出：“只有认清中国社会的性质才能认清中国革命的对象、中国革命的任务、中国革命的动力、中国革命的性质、中国革命的前途和转变。”[①] 其次，论述了中国革命的对象、任务、动力、性质和前途。中国社会性质和革命任务决定中国革命必须分为两个步骤。最后，中国革命道路理论的完整化和中国革命三大法宝的精辟概括。1938 年 11 月，毛泽东在党的六届六中全会上所作的《战争和战略问题》，1939 年 10 月发表的《〈共产党人〉发刊词》和 12 月发表的《中国革命和中国共产党》等著作中，对中国革命道路问题作了进一步的深刻阐述。在《〈共产党人〉发刊词》中，毛泽东对统一战线、武装斗争、党的建设三个中国革命基本问题及其相互关系的历史经验进行了科学总结、精辟论述，并把它上升为中国革命三大法宝。

第五，文化工作的理论。首先，文化工作的地位与作用。毛泽东在《新民主主义论》中运用马克思主义关于社会存在与社会意识的关系这一历史唯物主义基本原理，揭示了文化和政治、经济的关系。他明确指出：“一定的文化（当作观念

---

① 《毛泽东选集》(第二卷)，人民出版社 1991 年版，第 633 页。

形态的文化）是一定社会的政治和经济的反映，又给予伟大影响和作用于一定社会的政治和经济，而经济是基础，政治则是经济的集中表现。”[①] 这些论述，揭示了文化的本质、文化发展的规律及其在社会生活、社会历史中的地位与作用，为我们从总体上科学地认识文化作了原则的规定，同时也为我们认识中国文化革命的历史特点，分门别类地研究文化诸形态确定了根本的指导思想。其次，毛泽东在《新民主主义论》中论述了要建设中华民族的新文化即新民主主义文化。他指出，中国文化有新旧之分，“民族的科学的大众的文化，就是反帝反封建的文化，就是新民主义文化，就是中华民族的新文化”。现时的中国革命不能离开无产阶级的领导，因而现时的中国新文化也不能离开中国无产阶级文化思想的领导，但是就其文化内容说来则是新民主主义的，不是社会主义的。再次，对待外来文化和传统文化问题。毛泽东在《论联合政府》的报告中指出：“对于外国文化，排外主义的方针是错误的，应当尽量吸收进步的外国文化，以为发展中国新文化的借镜；盲

① 《毛泽东选集》（第二卷），人民出版社 1991 年版，第663～664 页。

目搬用的方针也是错误的，应当以中国人民的实际需要为基础，批判地吸收外国文化。”[①] 关于如何对待中国传统文化问题，毛泽东以历史唯物主义的态度告诉人们，决不可能抛开原有的文化基础主观主义地创造文化；又不应当使文化遗产成为前进的桎梏，必须充分利用原有的文化遗产，适应经济、政治变革的需要进行文化的再创造，才能建设起超越前人的灿烂新文化。总之，古为今用，洋为中用，去其糟粕，取其精华，才是对待外国文化和中国传统文化的马克思主义科学态度。最后，关于文艺工作的方向问题。毛泽东在延安文艺座谈会上讲话中，明确指出，“文艺为什么人的问题，是一个根本的问题，原则的问题”，“我们的文学艺术都是为人民大众的，首先是为工农兵的，为工农兵而创作，为工农兵所利用的”。[②] 解决为谁服务的问题以后，还要解决怎样为工农兵服务的问题，要正确处理好文艺的普及和提高的关系。

第六，经济建设思想。首先是革命战争与根

① 《毛泽东选集》（第三卷），人民出版社 1991 年版，第 1083 页。

② 《毛泽东选集》(第三卷)，人民出版社 1991 年版，第 863 页。

据地建设的关系。毛泽东十分重视根据地的经济建设，针对党内存在着的把经济建设同革命战争对立起来、无视经济建设的思想倾向，发表了《必须注意经济工作》的报告，阐述了革命战争与根据地建设的关系。他指出，“在现在的阶段上，经济建设必须是环绕着革命战争这个中心任务的……只有在国内战争完结之后，才说得上也应该说以经济建设为一切的中心”。[①]其次，经济建设与财政的关系。针对根据地发生的财政困难，毛泽东指出党必须努力领导人民发展农业生产和其他生产事业，并把开展大生产运动作为克服困难、支持抗战的一个中心环节。毛泽东在《经济问题与财政问题》一文中，批判了那种离开发展经济而单纯在财政收入问题打主意或者不着眼于动员人民发展生产渡过难关，而只注意向人民要东西的错误倾向，提出了“发展经济，保障供给”的方针。最后，实行土地改革，解放农民，发展社会生产力。土地制度的改革是资产阶级民主革命的基本内容，毛泽东从历史唯物主义基本原理出发，以生产力为标准，对土地革命问题作了深

① 《毛泽东选集》(第一卷)，人民出版社 1991 年版，第 123 页。

刻论述。他指出："中国一切政党的政策及其实践在中国人民中所表现的作用的好坏、大小，归根到底，看它对于中国人民的生产力的发展是否有帮助及其帮助之大小，看它是束缚生产力的，还是解放生产力的。消灭日本侵略者，实行土地改革，解放农民，发展现代工业，建立独立、自由、民主、统一和富强的新中国，只有这一切，才能使中国社会生产力获得解放，才是中国人民所欢迎的。"①

在抗日战争时期，毛泽东提出上述一系列理论，形成了关于新民主主义的完整学说，开辟了中国特色的革命道路，使马克思主义中国化的思想体系达到完整化，并且在党的七大被确定为全党的指导思想而载入史册。此后，马克思主义中国化的思想体系继续得到充实和发展。解放战争时期，毛泽东关于帝国主义本性的论述和战略上藐视敌人、战役战术上重视敌人的思想，十大军事原则；政策与策略是党的生命的观点；新民主主义向社会主义转变的理论；人民民主专政的理论等，都是毛泽东实现马克思主义中国化的新成果。

① 《毛泽东选集》（第三卷），人民出版社 1991 年版，第 1077 页。

## （四）新中国成立后马克思主义中国化的可贵探索与航向偏离

### 1. 探索建设中国特色社会主义道路的理论先导

20 世纪 50 年代中期，中国社会刚刚由新民主主义过渡到社会主义，中国由落后的农业国转变为工业化奠定初步基础，并实现了对农业、手工业和资本主义工商业的社会主义改造，毛泽东对我国社会主义建设的经验与问题进行调查研究，听取国务院有关部门的汇报，集中集体智慧，于 1955 年提出社会主义建设中要正确处理十个问题，发表《论十大关系》。这是探索我国建设社会主义道路突破苏联模式的最初尝试，告诫全党要从中国实际出发，总结独创性经验，探索符合中国实际的建设道路。1957 年 4 月在最高国务会议上又以“关于正确处理人民内部矛盾的问题”为主题作长篇报告。这是一篇具有开拓性的马克思主义光辉篇章，表明了毛泽东探索中国社会主义

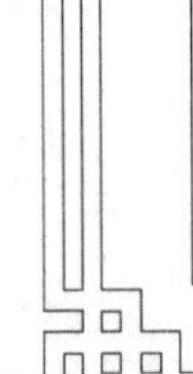

建设道路伊始，运用马克思列宁主义基本原理，提出一些重要的有益思想，主要有如下几点：

第一，关于社会主义社会基本矛盾原理。社会基本矛盾是马克思主义历史唯物主义的基本原理。然而，社会主义社会剥削阶级基本不存在，是否还存在社会基本矛盾，斯大林曾有形而上学观点。毛泽东以彻底的历史唯物主义观点，明确地肯定了社会主义社会仍然存在社会基本矛盾。同时，也指出与资本主义社会的社会基本矛盾的性质、情况迥然不同。前者是在生产关系与生产力、上层建筑与经济基础又适应又矛盾，而基本上是在相适应情况下的矛盾运动。社会主要矛盾由资产阶级同工人阶级、资本主义同社会主义两个阶级两条道路的阶级矛盾，转变为人民日益增长的文化物质需要同生产力落后之间的矛盾。这种矛盾可以在社会主义制度下，对那些不适应生产力发展的旧的体制不断地进行改革，使社会主义制度在自我完善过程中推动社会发展。这就澄清了斯大林对社会主义社会矛盾认识上的形而上学观点和人们在思想认识上的迷津，深刻地指明了阶级基本消灭以后，我国社会主义社会历史发展的原动力。而资本主义社会的社会基本矛盾则表现为阶级的对抗与激烈的冲突，从根本上解决基本经济制度及其上层建筑，乃是社会基本矛盾运动发展的历史必然。毛泽东基于对社会主义社会基本矛盾的科学分析提出了两类矛盾学说，提出正确处理人民内部矛盾的问题是社会主义社会政治生活的主题这一著名论断。这是由社会主义社会基本矛盾的性质，及由此而呈现的社会主要矛盾所决定的。

正确处理人民内部矛盾的根本目的与作用是调动一切积极因素，集中力量进行社会主义现代化建设，实质是解放与发展生产力。在政治上、思想上，创造一个“既有民主又集中，既有自由又有纪律生动活泼的政治局面”。

毛泽东还提出一系列正确处理人民内部矛盾的方针、方法。

历史实践表明，毛泽东关于社会主义社会基本矛盾和正确处理人民内部矛盾的理论，极大地调动了亿万人民的社会主义积极性，这一理论是对马克思主义科学社会主义理论的重大突破，为社会主义改革和维护改革、发展、稳定的大局奠定了坚实的理论基础。

第二，产业结构的调整。毛泽东鉴于苏联片

面强调优先发展重工业的弊端，从中国农业大国和农民占人口大多数的实际出发，把正确处理农业、轻工业与重工业的关系作为中国工业化的道路，提出可贵的思想，进而提出按农轻重顺序安排国民经济，形成农业为基础，工业为主导的国民经济方针。

第三，在管理体制上，初步提出调整中央同地方、政府同企业的关系。要适当放权给地方和企业。

第四，一系列正确处理人民内部矛盾的方针。主要有：从团结的愿望出发，经过批评与自我批评达到团结的目的；在意识形态领域百花齐放、百家争鸣；在党派关系上，长期共存，互相监督；在分配原则上，统筹兼顾，全面安排，兼顾国家、集体、个人三方面利益。

### 2. 对马克思主义中国化正确航向的严重偏离

从 1957 年后，毛泽东在探索中国式的社会主义现代化建设道路上，陷入误区。

第一，阶级斗争的扩大化。马克思主义对阶级与阶级斗争有明确的界定。列宁指出："所谓阶级，就是这样一些大的集团，这些集团在历史上一定的社会生产体系中所处的地位不同，同生产资料的关系不同，在社会劳动组织中所起的作用不同，因而取得归自己支配的那份社会财富的方式和多寡也不同。所谓阶级，就是这样一些集团，由于他们在一定社会经济结构中所处的地位不同，其中一个集团能够占有另一个集团的劳动。”① 被剥削阶级与剥削阶级之间必然存在对抗与冲突，呈现为阶级斗争。阶级仅仅同生产发展的一定历史阶段相联系，阶级是一个历史范畴，有它的发生、发展和消灭的历史过程。毛泽东在民主革命时期，依据马克思主义的阶级概念和阶级观点，对中国社会各阶级特别是农村阶级作出科学分析，成为中国共产党制定土地改革路线和成功地完成土改任务的依据。我国生产资料社会主义改造基本完成，进入社会主义社会以后，作为剥削阶级的阶级基本上已不复存在，阶级斗争不再是社会主要矛盾，大规模的急风骤雨式的阶级斗争基本结束，作为特殊形式的阶级斗争，还将在一定范围内长期存在，并且在一定条件下还可能激化。但是，1957 年夏季，毛泽东由于对极少数资产阶级右派分子向党和社会主义进攻的政治形势估计

① 《列宁选集》（第四卷），人民出版社 1995 年版，第 11 页。

过于严重，并强调从政治上、思想上观察划分阶级，从而提出只有经济战线上的社会主义革命不够，还必须彻底进行政治战线、思想战线上的社会主义革命。毛泽东不仅混淆了党内斗争和社会阶级斗争的界限，而且也违反了他关于社会主义时期中国民族资产阶级同无产阶级矛盾既有对抗性一面，又有非对抗性一面的正确论断。同时，也埋下了把阶级斗争的主要战场引向党内的种子。

第二，社会主义与资本主义从“左”的方面严重混淆，主要表现：

一是把社会主义社会同社会主义公有制经济完全等同。

二是在社会主义公有制的形式上急欲单一化，大力提倡和赞美“一大二公”是人民公社的优越性。

三是社会主义基本经济制度同经济管理体制的混同。

四是关于生产力与生产关系的某些倒置。由于上述对社会主义的从“左”的方面的某些教条化的误解，导致了社会主义同资本主义的严重混淆。

## （五）马克思主义中国化的特点与规律

深刻认识毛泽东把马克思主义中国化的历史特点，进而分析马克思主义中国化的几个规律性问题，对于完整地准确地掌握毛泽东思想的科学体系，坚持和发展毛泽东思想，建设中国特色社会主义，不断推进马克思主义中国化的伟大事业，具有重要的意义。

**1. 反对教条主义是毛泽东把马克思主义中国化的重要历史特点**

**（1）马克思主义中国化进程中必须反对教条主义的决定因素**

唯物辩证法告诉我们，任何事物都是在矛盾斗争中生存和发展的。作为社会意识形态的马克思主义理论说来，它的产生和发展，也是如此。如果说马克思主义是在 19 世纪中叶，是在批判资产阶级黑格尔的辩证法、亚当·斯密的经济学、欧文的空想社会主义的斗争中吸取了某些合理的内核，总结工人运动的经验，从而创造了马克思主义科学体系的话，那么列宁主义则是在19世纪末和20世纪初期同第二国际伯恩施坦修正主义斗争中，把马克思主义推进到一个新的阶段，即帝国主义和无产阶级革命时代的马克思主义——列宁主义。而毛泽东思想则是在中国革命实践中，同那种把马克思主义教条化，把共产国际决议和苏联经验神圣化的错误倾向的斗争中，把马克思列宁主义普遍原理与中国革命实际相结合而形成的。可见毛泽东思想形成发展的历史，和马克思列宁主义诞生的历史相比，既有相同的基本方面，又有各自不同的特点。它们都是在同反马克思主义的思潮和非无产阶级的思想的斗争中产生的，毛泽东思想形成发展独特的历史特点主要的不是同资产阶级思潮、修正主义作斗争，而是在半殖民地半封建的中国新的历史条件下，同把马克思主义教条化的错误倾向作斗争。

毛泽东思想形成的这一独特的历史特点，主要是由下列几个原因决定的：

第一，毛泽东思想的形成与马克思主义诞生时期的国际背景不同。马克思主义诞生在资本主义上升时期，它自诞生之日起，就是迎着资产阶级的各种诽谤和咒骂而存在和发展的，并且从一种科学的学说，发展成为亿万人民参加的革命运动，表现出它无限强大的生命力；列宁主义诞生时正值第二国际伯恩斯坦修正主义盛行时期，俄国共产党人和马克思主义者，进行革命斗争所面临的主要危险是修正主义；而毛泽东思想则是在第二国际已经破产、修正主义已经败阵，十月革命已经取得胜利，并且共产国际指导路线在中国革命中已经发生重大作用，而中国共产党又出现了“左”倾教条主义错误的背景下形成的。

十月革命的胜利是马克思列宁主义的伟大胜利。它给全世界无产阶级和被压迫民族的解放斗争指明了方向。用无产阶级世界观作为观察国家命运的工具，这就是中国先进分子得出的结论。马克思列宁主义传入中国以后，虽曾遇到各色各样资产阶级思潮的抵制、阻挠和破坏，然而经过几个回合的斗争，马克思列宁主义很快就成为不可抗拒的历史洪流，并为中国先进分子所接受。中国共产党从它诞生之日起，就是以马克思列宁主义为指导思想，按照共产主义思想体系，领导中国人民的革命斗争。因此，在中国共产党的思想建设上，主要的不是要不要用马克思列宁主义指导中国革命的问题，而是能不能把马克思列宁主义的普遍原理与中国革命实际相结合，总结出符合中国实际的理论原则和新的结论，它面临的主要任务，主要的不是反对资产阶级思潮和修正主义，而是反对那种脱离中国实际专门迷信本本的教条主义。这种教条主义，在 20 世纪 20 年代末和 30 年代初，主要表现在把共产国际决议、苏联经验神圣化的错误倾向。

中国共产党自二大决定加入共产国际成为它的一个支部以后，在政治上、组织上就受共产国际的领导和制约，一直到遵义会议，中国共产党的路线和政策始终是同共产国际有着重要关系的。第一次大革命时期的右倾投降主义与共产国际代表有直接关系，土地革命战争时期党内产生的教条主义与共产国际有着更为密切的关系。在土地革命战争时期，共产国际又通过中国党驻共产国际代表的形式进一步加强了对中国党的集权领导。与此同时，在联共和国际共产主义运动中，开展了反对布哈林的所谓右倾的斗争中，并在这种反右倾的政治声势的压力之下，强制推行它的“左”的指导路线。这就使已经在中国党内发生的、把共产国际决议、苏联经验神圣化的错误倾向进一步引向极端，致使中国革命几乎陷于绝境。在这种情况下，敢不敢同党内的教条主义作斗争，能不能把马列主义的普遍原理同中国革命具体实践相结合，科学地总结中国革命经验，提出符合中国革命实际的理论原则，就成为关系中国革命能否克服逆境，打开新局面的关键，正是在这种形势下，以毛泽东为代表的中国共产党人，坚持马列主义的立场、观点，分析和研究中国革命的实际问题，同教条主义的错误倾向进行了坚决的斗争。

第二，旧中国的政治经济发展极不平衡，革命对象也不是一般的资产阶级，而是帝国主义、封建主义和官僚资产阶级；革命性质不是社会主义而是资产阶级民主革命；革命动力不仅有工人阶级，农民、小资产阶级，还有民族资产阶级。革命的道路和主要斗争形式，不是城市武装起义，而是在农村建立革命根据地走农村包围城市的道路，主要斗争形式不是议会斗争而是武装斗争。所有这些特殊而复杂问题的解决，正如列宁所指出的，是“一个全世界共产主义者所没有遇到过的任务”，是“无论在哪一部共产主义书本里都找不到的困难而特殊的任务”，因此，“必须以一般共产主义的理论和实践为依据，适应欧洲各国所没有的特殊条件，善于把这种理论和实践运用于主要群众是农民、需要解决的斗争任务不是反对资本而是反对中世纪残余这样的条件”。[①] 这就是说，在中国这样一个特殊国度里进行的革命，仅靠背诵马克思列宁主义的一般原理是不能解决的，机械地照搬共产国际的决议和苏联的经验也是行不通的。

第三，毛泽东思想的本质特征和它的思想核心，决定了它的形成发展也必然要同教条主义作斗争。毛泽东思想不是独立于马克思列宁主义之外的另一个思想体系，不是马克思主义发展史上的所谓“第三个里程碑”，而是马克思主义普遍原理与中国革命实际相结合的产物，是马克思列宁主义在中国的运用和发展。因此，它的形成和发展必然要与把马克思主义教条化的错误倾向作斗争。

毛泽东思想的核心和灵魂是实事求是、群众路线、独立自主。实事求是就是要有的放矢，用马列主义之矢，射中国革命之的，为此必须反对把马列主义理论与中国革命实际相分离的教条主

① 《列宁选集》(第四卷)，人民出版社 1995 年版，第 79 页。

义。群众路线要求尊重群众的革命实践和集体智慧，反对个人崇拜和迷信“本本”，为此必须冲破教条主义的思想禁锢。独立自主，就是要求中国共产党人把国际主义与爱国主义相结合，运用马列主义的立场、观点和方法，主要依靠本国的力量，独立自主地解决中国革命问题。

**（2）以教条主义为基本特征的三次“左”倾错误的主要表现**

土地革命战争时期，中国共产党内连续出现三次“左”倾错误。三次“左”倾错误，就其思想理论体系来讲基本上是来自共产国际的，特别是以教条主义为主要特征的王明“左”倾错误，更突出地表现为把马克思主义教条化、把共产国际决议和苏联经验神圣化的错误倾向。这样，反对教条主义和反对把共产国际决议和苏联经验神圣化错误倾向的斗争，就成为中国共产党人在把马克思主义中国化的伟大事业中，所面临的艰苦而复杂的历史任务。

从20世纪20年代末到30年代初，共产国际在对中国革命的指导上，犯了教条主义的错误，这主要表现在以下几个方面。

第一，关于中国革命的形势和任务问题。

1928年8月，共产国际六大提出了一个所谓“第三时期”的理论。这个理论认为，世界形势从1928年即进入了“第三时期”，即资本主义总危机进一步尖锐化、“大规模阶级搏斗”时期，或谓世界革命已进入新的高潮时期。据此，共产国际在指导各国无产阶级革命工作中制定了全世界范围的所谓“进攻路线”。在这种思想指导下，共产国际对中国革命的形势和任务也作出了“左”的估计和判断。

在1928年共产国际执委第九次全会关于中国问题的决议中，承认中国“革命运动的发展极不平衡”，“目前，在全国范围内还没有出现群众革命运动的新高潮”。[①] 党的六大召开时，斯大林也曾指出中国革命的形势是处在两个革命高潮之间的低潮。但是由于共产国际和斯大林对中国革命的长期性、复杂性认识不足，加之“第三时期”理论的指导，对形势“左”的估计很快就出现了。1929年，共产国际十月来信就夸大了国民党统治的危机，认为“中国已进入深刻的全民族危机的时期”，要求中国共产党现在就可以而且应该开始

① 《共产国际有关中国革命的文献资料》（第一辑），中国社会科学出版社1981年版，第351页。

让群众做好准备，以便用革命的手段推翻资产阶级和地主联盟的政权，建立苏维埃形式的工人阶级和农民的专政”。[①] 1930 年 6 月，国际来信又进一步断定“中国革命运动的新高潮，已成为无可争辩的事实”，而且“近期的革命形势即使不能席卷全中国，无论如何也会波及到许多关键性的省份”。[②]

不久，共产国际执委主席团，又进一步分析了中国社会的阶级矛盾和由此造成的“空前的全面经济危险”，指出在这种形势下，“除非革命，除非推翻帝国主义和国民党的统治，除非苏维埃取得胜利，其他是没有出路，也是不可能有出路的”。[③] 1932 年 8 月，共产国际执委第十二次全会，认为“资本主义的相对稳定已经终结”，目前，“正在向革命与战争的新时期过渡”。而在“中国，已出现革命的形势”，为此，给中国共产党提出了六项“特殊任务”，要求中国共产党把

① 《共产国际有关中国革命的文献资料》（第二辑），中国社会科学出版社 1982 年版，第 82 页。

② 《共产国际有关中国革命的文献资料》（第二辑），中国社会科学出版社 1982 年版，第 92～93 页。

③ 《共产国际有关中国革命的文献资料》（第二辑），中国社会科学出版社 1982 年版，第 146 页。

"推翻国民党政权"，作为直接的革命行动。由此可见，共产国际自六大提出"第三时期"理论、制定"进攻路线"以后，对于形势和任务的"左"的估计越来越严重。中国党的"左"倾领导者，对于形势的分析，完全脱离了中国的实际，接照国际的基调，犯了教条主义错误。

共产国际对中国形势作了错误的估计，立三中央便制定了武汉南京武装暴动和上海总同盟罢工，实现一省或数省的首先胜利的战略总方针。

王明"左"倾教条主义者对形势的分析，更是完全照搬国际决议"左"的基调，使"左"倾教条主义的错误发展到顶点。

第二，关于中国革命的道路问题。

共产国际把俄国城市武装起义的经验绝对化，要求各国党都要像俄国一样地走城市武装起义夺取政权的道路。早在1928年，共产国际第九次全会《关于中国问题的决议》中，就已提出了"城市中心"的思想。翌年，共产国际连续对中国党发来三封指示信，都是反复强调了城市中心的思想，要求把党的工作"首先要集中注意力于工业区、大城市和重要工会团体”；[①] 指出“农民群众的斗争应当同城市无产阶级的革命斗争紧密结合起来”；[②] 并且认为“最正确的最重要的，日益生长的高潮的象征，还是工人运动的复兴”。[③] 1930年，《共产国际执委会关于中国问题的决议》也指出要把建立中国红军的任务作为“一项头等的任务”，但建立红军的目的也是夺取中心城市。《决议》指出：“必须集中精力组建和加强红军，以期将来根据军事和政治形势，去夺取一个或数个工业中心和行政中心。”共产国际对于中国革命必须走农村包围城市最后夺取全国胜利的道路问题，在很长时间内不认识不理解。

中国共产党的“左”倾领导者，在中国革命道路问题上，完全按照共产国际的城市中心思想和俄国革命的模式行事。王明“左”倾教条主义者，在中国革命道路问题上，对国际的指示和决议更是唯命是从，照抄照搬。

---

① 《共产国际有关中国革命的文献资料》（第二辑），中国社会科学出版社 1982 年版，第 16 页。

② 《共产国际有关中国革命的文献资料》（第一辑），中国社会科学出版社 1981 年版，第 25 页。

③ 《中共中央文件选集》（第五册），中共中央党校出版社 1990 年版，第 795 页。

第三，关于阶级关系的策略问题。

共产国际和斯大林不了解中国半殖民地半封建社会的特殊国情，存在许多教条主义的“左”的错误。

首先，不能把大资产阶级和民族资产阶级区别开来，把反对资本主义和反对帝国主义、封建主义并列起来。

1928 年 9 月，共产国际六大通过的关于《殖民地和半殖民地国家的革命运动》的报告提纲中就曾提出：中国“资产阶级民主革命能把自己的全部基本任务实现到什么程度，以及其中哪些任务只能由社会主义革命来实现，这些都取决于工农革命运动的进程，取决于他们反对帝国主义者、封建主义和资产阶级斗争的成败”。[①] 对于两种革命的不同性质和任务没有规定明确的界限。到 1930 年 6 月时，《共产国际执行委员会关于中国问题的决议》更明确提出了“中国革命不仅要同封建制度进行残酷的斗争，而且要同中外资本家进行残酷的斗争”之后，在共产国际的许多文件中还规定了“没收他们的企业”“然后实行国有

① 《共产国际有关中国革命的文献资料》（第一辑），中国社会科学出版社 1981 年版，第 591 页。

化”的政策。共产国际和斯大林对于中国阶级关系所作出的“左”的分析和判断，导致了中国资产阶级民主革命只有在反帝反封建的同时反对资本主义的斗争中才能取得胜利的错误结论。

其次，否认中间营垒和第三党的存在，否认他们和国民党反动派之间的矛盾和差别。早在1928 年 2 月，共产国际执委第九次全会《关于中国问题的决议》中，就曾指示中国党要“进行无情的斗争”，打击那种“想要建立所谓的‘真正共产党’、‘工农党’，新党而实际上是资产阶级改良主义政党的企图”，认为“这种政党实质上是孟什维克党，是反对工人和农民的党，是蒋介石和其他屠杀工人阶级和农民的刽子手的驯服工具”。翌年 10 月，共产国际执委给中共中央的信，把“代表着中国民族资产阶级中等阶层利益的资产阶级民族改良主义的中派，即一部分工商业资本家”和“国民党改组派”不加区别地都看成“是一个反革命集团，是工农革命运动的死对头”，要求中国党“必须立即开展一个最坚决的、尽可能有更多群众参加的运动，以消除‘改组派’的一切影响，揭露他们的反革命本质”。[①]

最后，与这种对阶级关系的错误分析相适应，共产国际执委第十二次全会把中间势力排除在抗日民族统一战线之外。中国党的“左”倾教条主义者，在阶级关系和策略问题上，完全推行了共产国际上述“左”的指示。

第四，关于党内反倾向斗争问题。

1929 年联共党内开展了反对布哈林所谓右倾的斗争，与此同时，在国际共产主义运动中也掀起了反右倾运动。

中国党的三次“左”倾的领导人，完全照搬国际决议，完全脱离了中国革命的特点和中国革命战争的规律，因而给革命事业造成了极其严重的危害，使中国革命几乎陷于绝境。

**（3）毛泽东把马克思主义中国化的重要历史特点是反对教条主义**

毛泽东冷静分析了大革命失败后的形势，适时地把革命力量引向敌人统治薄弱的农村，第一个把红旗插在井冈山上，在全党探索中国革命道路的征途中树立了光辉的典范。毛泽东始终坚持

---

① 《共产国际有关中国革命的文献资料》（第二辑），中国社会科学出版社 1982 年版，第 82～86 页。

马列主义与中国革命实际相结合的原则，从中国国情出发，总结中国革命独特经验，提出符合中国革命实际的理论原则和新的结论，鲜明地举起了反对教条主义的旗帜。

1930 年 5 月，毛泽东写了《反对本本主义》（原名《调查工作》）一文，这是我党第一篇反对教条主义的重要文献。在这一著作中，毛泽东针对教条主义者“唯上”、“唯书”、“不唯实”的特点，尖锐地批评了那种轻视中国革命实践，轻视群众斗争经验等错误倾向，指出这种作风“完全不是共产党人从斗争中创造新局面的思想路线，完全是一种保守路线”。毛泽东指出：“我们说马克思主义是对的，决不是因为马克思这个人是什么‘先哲’，而是因为他的理论，在我们的实践上，在我们的斗争中，证明了是对的。”“我们说上级领导机关的指示是正确的，绝不是因为它出于‘上级领导机关’，而是因为它的‘指示内容’是适合于斗争中客观和主观情势的，是斗争所需要的。”因此，“单纯建立在‘上级’观念上的形式主义的态度是很不对的”。毛泽东指出：“马克思主义的‘本本’，是要学习的，但是必须同中国的实际情况相结合。我们需要‘本本’，但是一定要纠正脱离实际情况的本本主义。”这里，毛泽东明确地区别了什么是马克思主义，什么是教条主义。肯定了马克思主义的本本，批评了教条主义的本本主义。毛泽东还从思想路线的高度，揭露了教条主义者对于中国革命的危害，指出：“离开实践调查就要产生唯心的阶级估量和唯心的工作指导，那么，它的结果，不是机会主义，便是盲动主义。”并且提出了“没有调查，没有发言权”的著名论断，从而得出“中国革命斗争的胜利要靠中国同志了解中国情况”的重要理论。

毛泽东不但在中国共产党内第一次提出了一切从实际出发，把马列主义普遍原理和中国革命实际相结合的思想路线，而且为中国共产党人从教条主义的束缚中、从对共产国际和苏联经验的盲目迷信中解放出来，为坚持马列主义与中国革命实际相结合的原则，从实际出发，独立自主地解决中国革命问题指明了方向。

正是在这一思想理论方向的指导下，毛泽东在革命实践的基础上，集中全党的智慧，创造性地提出在中国的条件下引导革命走向胜利的理论。这主要是在无产阶级领导下，以农村为主要阵地，以农民为主要群众（主力军），经过长期武装斗争，以农村包围城市最后夺取全国胜利的革命道路。这是一条中国式的独特道路，是马列主义与中国革命实际相结合的光辉典范。

1930 年 12 月，毛泽东在陕北瓦窑堡党的活动分子会议上所作的《论反对日本帝国主义的策略》的报告中，从政治策略上批判了党内教条主义者在新形势下所表现的关门主义的错误，而 1936 年 12 月，他在红军大学所作的《中国革命战争的战略问题》的讲演，则着重从军事路线上，对“左”倾教条主义进行了批判。之后，在 1937 年 7 月和 8 月，毛泽东在抗日军政大学先后作过《实践论》和《矛盾论》的讲演，又从马克思主义的认识论和方法论的高度，进一步批判了“左”倾教条主义。《实践论》和《矛盾论》在清算教条主义的同时深刻地阐述、精辟地概括了马克思主义辩证唯物主义的基本原理，成为我党在新的形势下制定正确路线、方针和政策的思想理论基础。在中国革命在由第五次反“围剿”的失败到抗日战争的兴起第二个转变时期，在总结中国革命的两次胜利和两次失败的经验教训基础上，随着革命不断地胜利和发展，毛泽东思想也在斗争中逐步完善并走向成熟。

整风运动是一次全党范围的普遍的马克思主义教育运动，也是一次总结历史经验全面清算教条主义的运动。因此，贯穿在整个整风运动中，一方面全党同志特别是高级干部认真地学习和总结党的历史，另一方面，对党内长期存在的主观主义特别是王明“左”倾教条主义，进行了严肃的清算和批判。这就使延安整风运动成为毛泽东思想发展史上的一个重要里程碑。

第一，整风运动使广大干部和党员第一次真正从教条主义的精神枷锁中解放出来，第一次划清了马克思主义与教条主义的界限，从而在思想上解决了马列主义普遍原理与中国革命具体实践相结合的这一根本性、方向性的问题。这是在中国革命经过了两次革命胜利和失败的经验教训之后，经过党内两条路线的对比中得到提高的基础上才取得的。马列主义理论必须与中国革命具体实践相结合这一原则的解决，对于推动马克思主义中国化的历史进程，对于中国革命的胜利具有决定性的意义。

第二，整风运动使全党同志特别是高级干部，对党的历史进行学习讨论总结经验的基础上，真正认清了教条主义的危害和毛泽东领导的正确，从而使毛泽东在批判主观主义特别是教条主义的斗争中，所阐述的关于中国民主革命的一系列理论路线、方针和政策为全党所认识和接受。这对于提高全党的认识能力和理论水平，对于进一步推进马克思主义中国化具有重要意义。

第三，整风运动中，毛泽东倡导的“实事求是”的科学态度，理论联系实际、密切联系群众和批评自我批评的作风开始树立起来。毛泽东所倡导、通过整风运动所形成的这些具有中国共产党人特色的党的三大优良作风，不仅是区别于其他资产阶级政党的显著标志，而且对丰富和发展马列主义的建党学说也作出了重要贡献。

毛泽东关于马克思主义中国化的事业，经过整风运动有了巨大的新的发展。以马克思主义的理论与中国革命的实际之统一的思想——毛泽东思想，在土地革命战争后期和抗日战争时期得到系统总结和多方面展开而达到成熟。党的七大正式确定毛泽东思想作为全党的指导思想，这是马克思列宁主义在中国的巨大胜利，这是以毛泽东思想为代表的中国共产党人把马克思列宁主义运用于东方大国的艰巨复杂的斗争中所取得的最伟大的思想理论成果。

2. 马克思主义中国化的规律性问题

首先，解放思想，实事求是，反对教条主义，以唯物辩证法观点去认识马克思主义的基本特征和属性。毛泽东所以能够成为马克思主义中国化的奠基人，是由于他在 20 世纪 30 年代初及 40 年代里，针对把马克思主义教条化的倾向，提出"反对本本主义"，清理轻视实践、把理论与实践相割裂的主观主义错误，正确认识和对待马克思主义，他指出："我们说马克思是对的，决不是因为马克思这个人是什么'先哲'，而是因为他的理论，在我们的实践中，在我们的斗争中，证明了是对的；我们的斗争需要马克思主义。"[①] 所以学习马克思主义，不但要学习那些从实践中总结出来的"关于一般规律的结论"，也要学习"他们观察问题和解决问题的立场和方法，用来指导中国革命"。

其次，正确认识中国特殊国情，坚持一切从实际出发。国情是共产党人制定路线、政策的客观依据和出发点，也是以毛泽东思想为代表的中

① 《毛泽东选集》(第一卷)，人民出版社 1991 年版，第 111 页。

国共产党人，坚持以马克思主义为指导，使马克思主义中国化的基本的客观依据。毛泽东领导中国革命的一个重要特点就是重视了解国情，深入社会调查研究。

再次，尊重群众实践，集中集体智慧。党在领导各族人民进行革命的斗争中，增强了对中国国情和社会实际的了解，提高了对中国革命基本问题的认识，积累了中国革命的经验。这些群众革命斗争的实践和集体智慧，构成实现马克思主义中国化的物质基础和精神财富。马克思主义与中国革命实践相结合的第一次历史性飞跃，正是毛泽东尊重群众实践，集中集体智慧的丰硕成果。

最后，革命家的胆略和马克思主义的理论勇气。毛泽东冲破了教条主义的禁锢，提出了反对“唯上”“唯书”的“本本主义”，强调没有调查就没有发言权，要取得中国革命的胜利，只有靠中国同志了解中国情况，并且指明了与俄国革命相反的以农村包围城市的革命道路。

# 五、马克思主义中国化第一次历史性飞跃的集中成果与支柱理论

作为科学体系的毛泽东思想，是完整的一套理论，其内容博大精深。其中，中国特色革命道路理论是马克思主义基本原理与中国革命具体实践相结合的马克思主义中国化第一次历史性飞跃的集中成果。中国特色革命道路理论与统一战线理论、武装斗争理论、党的建设理论、人民民主专政理论，共同构成马克思主义中国化第一次历史性飞跃的支柱理论。

## （一）马克思主义中国化第一次历史性飞跃的集中成果

### 1. 中国特色革命道路理论的科学定义

中国特色革命道路理论是马克思主义中国化第一次历史性飞跃的集中成果，也是毛泽东思想的主体内容。中国特色革命道路是指在落后的半殖民地半封建社会里，如何开展共产主义运动，夺取政权，过渡到社会主义社会的革命道路。它既区别于俄国十月社会主义革命，又不同于欧洲国家的资产阶级革命。中国特色革命道路包括新民主主义革命和社会主义革命两个革命阶段、两种革命性质。前者是通过农村包围城市革命道路，武装夺取政权建立新民主主义社会；后者是以人民民主专政政权为杠杆，通过社会主义改造和平过渡到社会主义。

中国特色革命道路理论集中回答了在落后的半殖民地半封建社会里，如何进行革命、夺取政权和建立社会主义社会这样一个关系中国历史发展方向和前途命运的根本问题。走资本主义道路行不通，直接反对资产阶级进行社会主义革命也脱离实际，必须首先通过新民主主义革命，以武装斗争为主要形式，在农村建立革命根据地，走以农村包围城市、夺取全国胜利的道路。建立人民民主政权，进行生产资料的社会主义改造，和平过渡到社会主义：这就是中国特色革命道路理论。

中国特色革命道路问题，并不只是指人们通常所理解的农村包围城市的革命道路，而是站在宏观研究的角度，对中国整个革命历程进行广角触视，综合归纳，是中国革命经由新民主主义，继而进入社会主义的道路而言。因为新民主主义是以毛泽东为主要代表的中国共产党人运用马克思主义的世界观和方法论，以及科学社会主义学说，正确分析了中国特殊的国情，认清了中国社会性质、主要矛盾，总结了中国革命的独特经验，从而在宏观上指明了中国革命的方向和方位，得出了中国革命分两步走的结论，突破了马克思、列宁关于世界上只有两种革命和两种类型国家的传统论断，提出了新民主主义革命和新民主主义国家的第三类型的新概念新学说。这就从根本上解决了在半殖民地半封建社会里如何进行共产主义运动，如何在中国实现社会主义的道路问题，为从半殖民地半封建到社会主义架起一座桥梁，打开一个通道，成功地解决了中国特色的革命道路的第一步，并为第二步社会主义革命奠定了坚实基础。

**2. 新民主主义理论是第一次历史性飞跃的结晶**

其一，新民主主义理论是中国特色革命道路理论的核心。

以毛泽东为主要代表的中国共产党人，以高度的革命精神、科学态度和理论勇气，在领导中国革命的实践过程中，深入实际，深入群众，调查研究，分析国情，率先认识到马克思主义不是教条，而是行动的指南，必须把马克思主义基本原理与中国革命具体实践相结合，总结中国革命独创性经验，提出了符合中国国情的理论原则，用中国化了的马克思主义指导革命。新民主主义理论是毛泽东创造性地运用马克思主义历史唯物主义基本原理、无产阶级革命和无产阶级专政理论及列宁民族和殖民地理论，实事求是地分析中国特殊国情，科学地总结近代中国资产阶级革命

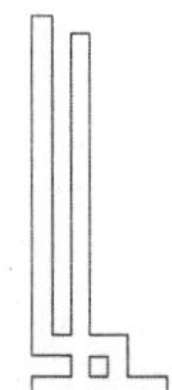

的历史教训，同时考虑到中国革命的时代背景与国际环境，所创立的中国化的马克思主义的革命学说。

马克思主义的历史唯物主义认为人类社会总的说来是由经济基础与上层建筑、生产力与生产关系构成，因而观察社会最基本的是看社会基本矛盾的内容、性质，以及由此而呈现的阶级结构与阶级关系和社会主要矛盾。列宁关于民族和殖民地理论最重要的思想是把帝国主义和无产阶级革命时代分成两大民族即压迫民族和被压迫民族，还据此提出了两个具有战略意义的口号。毛泽东运用马克思主义历史唯物主义观点、方法及列宁关于民族和殖民地理论，正确地分析了中国特殊国情。他从分析社会经济结构和政权性质着眼，分析社会阶级结构与阶级关系，把握社会主要矛盾及中国革命所处的历史时代与国际背景，确定中国社会性质、革命性质、中国革命是世界无产阶级革命的一部分，中国革命任务、对象、动力及革命前途，并据此提出了中国革命分两步走的战略构想，指明了第一步既不是无产阶级社会主义革命，也不是资产阶级领导的旧民主主义革命，而是由无产阶级（通过共产党）领导的人民大众的反对帝国主义、封建主义和官僚资本主义的新民主主义革命，从而解决了中国革命的方向、方位，指明了由半殖民地半封建社会通往社会主义的道路。

毛泽东依据马克思主义阶级分析方法和列宁民族殖民地理论把世界划分为两种民族和两种民族中资产阶级不同特点，科学地分析了中国资产阶级，把它分为大资产阶级和中产阶级即民族资产阶级两部分，前者又分别依附于不同的帝国主义并成为其在华的代理人，后者具有两重性，从而把它作为革命阵线动力之一，并对它实行既团结又斗争的政策。

关于农民问题，列宁把它作为无产阶级专政这个基本问题的组成部分，站在无产阶级专政的政策和策略基础上来加以阐明。他说："专政底最高原则就是维护无产阶级与农民的联盟，使无产阶级能够保持自己的领导作用和国家政权。"毛泽东运用马列主义关于农民问题的基本理论，从中国是一个落后的以封建主义小农经济为主体的半殖民地半封建社会，农民占人口80%的农业大国及农民的社会地位实际出发，使之中国化。这主要体现为不仅把农民问题从无产阶级专政角度评价它的历史地位，作为工人阶级可靠的同盟军，工农联盟作为无产阶级领导的人民民主专政的基础；把农民问题作为中国革命的基本问题，土地革命作为民主革命的基本内容，农民是革命的主力军，工农联盟是革命统一战线的基础，中国的革命武装是穿军装的农民，中国革命战争实质是共产党领导的农民革命战争等。这样，毛泽东把农民问题在中国革命中的地位和作用提高到更高的层次上来考虑中国革命的战略与策略。这是由中国特殊的国情和中国革命的性质所决定的。

暴力革命是马列主义关于无产阶级革命的基本原则。列宁提示了国际范围帝国主义发展不平衡规律，认为无产阶级革命能够首先在帝国主义统治的薄弱环节夺取胜利，发动俄国十月社会主义革命，通过城市武装起义一举夺取政权，然后从城市到农村取得全国胜利。毛泽东坚持马克思主义暴力革命原则，运用列宁关于帝国主义发展不平衡理论分析中国特殊国情，提出武装斗争是中国革命的主要形式的重要论断。中国是一个政治经济发展不平衡的半殖民地大国，地方的农业经济和帝国主义的分裂剥削政策，造成白色政权间的长期分裂和战争，这是小块红色政权能够长期存在和发展的一个重要的客观条件。由此，毛泽东提出“工农武装割据”的重要思想并进而形成在农村建立革命根据地，积极壮大力量，以农村包围城市，最后夺取全国政权的中国式武装夺取政权的道路。农村包围城市革命道路是在中国特殊社会历史条件下，实现武装夺取政权的途径，也是完成新民主主义革命任务的必经之路。它是对马克思主义传统观点的突破，是中国革命独创性经验的总结。它有两点含义：一是它不是像俄国十月革命那样先占领城市后夺取农村，而是走与此相反的道路；二是它不是一蹴而就地夺取全国政权，而是先在局部地区打破旧的国家机器，建立小块红色政权，然后逐步扩大乃至最后夺取全国政权。列宁指出：“革命的根本问题是政权问题。”无产阶级革命的根本内容是无产阶级专政。他认为无产阶级革命同资产阶级革命具有两大不同特点：一是无产阶级革命夺取政权建立无产阶级专政是革命的开始，并以此为杠杆建立新的社会主义经济；二是无产阶级革命胜利必须彻底打碎旧的国家机器，代之以无产阶级专政政权。毛泽东依据马列主义关于无产阶级专政和国家学说，结合中国实际提出了人民民主专政理论。

其二，新民主主义理论形成发展的轨迹及其内涵。

新民主主义理论是毛泽东思想在民主革命时期的主体内容，是中国特色革命道路理论的核心。它的形成与发展过程，也就是马克思主义中国化的过程，即萌芽于大革命时期，形成于土地革命战争时期，成熟于抗日战争时期，丰富和发展于解放战争时期和新中国成立初期。

1922 年 7 月，中共二大基于对中国社会性质和革命对象的认识，明确提出了党的最低纲领和最高纲领，经民主革命到达社会主义两步走的思想有了萌芽。二大制定民主革命纲领，把中国革命分为两步走，表明中国共产党人在探索中国革命发展战略和社会发展战略上迈出可喜的一步，然而由于毕竟是处于幼年的党，加上历史的局限性，对于两步走的关系还认识不清，无产阶级及其政党在民主革命中的地位作用的认识还受制于旧资产阶级民主革命的影响，因而没能真正解决中国革命两步走的问题。翌年，陈独秀提出“二次革命论”，认为民主革命胜利后建立的是资产阶级共和国，使资本主义充分发展，工人阶级壮大后，再给予反对资产阶级的社会主义革命，还之无产阶级专政。1925 年，爆发了轰轰烈烈的五卅运动，检验了各阶级的政治态度。既充分显示了工人阶级的坚强力量，又暴露了资产阶级的软弱性、妥协性，特别是带买办性的大资产阶级媚外嘴脸。1926 年 3 月，毛泽东针对党内在阶级关系问题上存在的“左”的右的思想，继中共四大提出在民主革命中坚持无产阶级领导权和工农联盟问题后，又发表《中国社会各阶级的分析》一文，以马克思主义观点，首次对中国社会各阶级的地位和政治态度进行了科学分析，并指出中国革命的非资本主义前途。

1928 年 10 月，毛泽东在为中共湘赣边界第二次代表大会起草的决议的一部分即《中国的红色政权为什么能够存在?》中，提出了“工农武装割据”的思想。1930 年 1 月，毛泽东在《星星之火，可以燎原》的长信中，着重论述了建立农村根据地，建设工农民主政权的必要性和重要意义，阐明了小块红色政权与夺取全国胜利的关系，从理论上解决了把党的工作重心放在农村的问题，从而形成了农村包围城市、武装夺取全国政权的理论。这就从根本上解决了无产阶级领导权问题。此外，关于农村革命根据地的经济政策、土地政策及政权建设等一系列理论，都是新民主主义理论的基本要素。

抗日战争时期，由于国民党顽固派执行两面政策给抗日民族统一战线带来了复杂性，迫切要求共产党人以马克思主义进行阶级分析，制定正确的政策和策略；军事斗争的开展，党的思想建设和正确处理党内矛盾的需要，特别是要驳斥国民党顽固派的反共叫嚣，迫切要求共产党对中国向何处去的问题作出回答。所有这一切，就促使新民主主义理论系统化而达到成熟。这集中体现在《〈共产党人〉发刊词》中关于中国革命三大法宝的论述，《中国革命和中国共产党》中首次提出的"新民主主义"的科学概念，《新民主主义论》中阐明的新民主主义革命总路线和政治、经济、文化纲领及新民主主义向社会主义转变等问题，《论联合政府》中进一步阐述的新民主主义国家政权的性质与结构。

解放战争时期和新中国成立初期，新民主主义理论进一步丰富和发展。集中体现为：新民主主义革命三大纲领的提出、《论人民民主专政》中关于新中国成立后国家政权性质和任务的论述、《共同纲领》中关于新中国政权机构和新民主主义经济秩序等。

新民主主义理论的内涵，包括新民主主义革命和新民主主义社会两个部分。新民主主义革命理论有狭义和广义之分。传统的即狭义的新民主主义理论的基本点是：中国革命是世界无产阶级社会主义革命的一部分；中国革命必须分两步走，第一步是民主革命，第二步是社会主义革命，二者既有联系又有区别；新民主主义的政治、经济、文化纲领，以及新民主主义革命总路线。而广义的新民主主义革命理论的基本点还包括：统一战线理论、武装斗争理论、党的建设理论即中国革命的三大法宝，以及农村包围城市革命道路理论。无论狭义或广义的理解，两者总的概括都是无产阶级领导的，工农联盟为基础的，人民大众的，反对帝国主义、封建主义和官僚资本主义的新民主主义革命。新民主主义社会理论的基本点是：以社会主义国营经济为主体的各种经济成分共存的社会经济形态；工人阶级（通过共产党）领导的各革命阶级联合专政的人民民主专政政权；共产党领导下的多党合作制度与政治协商制度；民主化是工业化的保障，工业化是民主化的物质基础；过渡时期理论；社会主义改造理论；等。

### 3. 革命转变理论与社会主义改造理论是中国特色革命道路理论的重要组成部分

中国的特殊国情决定中国革命必须分两步走，这是新民主主义革命理论明确阐述的基本观点。1949 年 3 月，毛泽东在七届二中全会上的报告中着重阐述了在全国胜利的局面下，党的工作重心必须由农村转移到城市，提出了党在全国胜利后在政治、经济、外交等方面所应采取的基本政策以及由农业国转变为工业国、由新民主主义社会转变为社会主义社会的总任务和主要途径。新中国成立后，随着国际国内形势的变化，党中央适时地于 1953 年 6 月正式确立党在过渡时期的总路线，并提出了关于对农业、手工业和资本主义工商业进行社会主义改造的理论与政策。

其一，关于革命转变与过渡时期理论。

党在过渡时期总路线的基本内容是：从中华人民共和国成立到社会主义改造基本完成，这是一个过渡时期。党在这个过渡时期的总路线和总任务，是要在一个相当长的时期内，逐步实现国家的社会主义工业化，并逐步实现国家对农业、手工业和资本主义工商业的社会主义改造。这一时期，党中央和毛泽东关于革命性质转变和过渡时期理论的主要观点包括：革命性质转变的标志是政权的转变；过渡时期的时限概念；革命转变的主要内容和总任务；革命转变的特点是和平改造与逐步过渡。

其二，关于农业、手工业和资本主义工商业的社会主义改造理论。

主要包括如下理论与政策：农业方面，走由低级到高级逐步过渡的农业合作化道路，实行自愿互利与合作化运动中的阶级政策；手工业方面，提出不宜集中过多、规模不宜过大、形式不宜千篇一律；资本主义工商业方面，提出利用、限制、改造和和平赎买的思想，并将改造资本主义企业与改造资本家结合起来。

由此可见，中国特色革命道路理论的创立，表明马克思主义中国化思想体系——毛泽东思想达到系统化。中国特色革命道路理论极大地丰富、发展了马列主义关于无产阶级专政以及民族殖民地理论、关于革命转变理论以及对小农经济改造和对资本主义工商业的和平赎买的思想，解决了中国革命的道路问题，因而它是毛泽东思想的集中成果和最重要的支柱理论。

## （二）马克思主义中国化第一次历史性飞跃的支柱理论

统一战线是中国革命中战胜敌人的三大法宝之一，是毛泽东思想的一个重要理论支柱，是马克思主义革命同盟军理论在中国的发展。在抗日战争时期，以毛泽东为主要代表的中国共产党人不仅正确地处理了同资产阶级的关系问题，争取了民族资产阶级和大资产阶级参加统一战线，而且为巩固和发展统一战线，中国共产党人坚持将工农联盟作为统一战线的基础；坚持对统一战线的领导权和无产阶级在统一战线中的独立自主原则；把无产阶级同资产阶级的联盟视为统一战线的重要内容；对资产阶级实行又团结又斗争、以斗争求团结的政策；在同顽固派的斗争中，提出了“发展进步势力，争取中间势力，孤立顽固势力”的策略总方针，和利用矛盾、争取多数、反对少数、各个击破，坚持有理、有利、有节的斗争方针。

武装斗争理论是中国共产党人将马克思列宁

主义关于暴力革命的原则与中国革命的斗争实践相结合的产物。其主要内容：一是中国革命必须以长期的武装斗争为主要形式；二是中国的武装斗争是无产阶级领导的以农民为主体的革命战争，必须深入农村建立革命根据地；三是要建立一支新型人民军队；四是要实行机动灵活的战略战术；五是坚持军政一致、军民一致、官兵一致。

党的建设理论是中国共产党人将马克思主义关于党的学说同中国共产党自身建设的实践相结合的产物。它成功地解决了以农民为主要成分，长期生活在分散的农村游击战争的环境中，如何建设一支马克思主义有组织有纪律的工人阶级先锋部队的重大问题。其主要内容是：把思想建设放在党的建设的首位；重视组织建设，坚持民主集中制原则；党的宗旨是全心全意为人民服务；党的建设必须紧紧围绕党的政治路线。

人民民主专政理论是毛泽东思想的支柱理论之一，是以毛泽东为主要代表的中国共产党人把马列主义关于无产阶级革命和无产阶级专政基本原理运用于中国革命的具体实践，对中国革命的政权形式进行不断探索所提出来的一个科学理论，是对马克思主义国家学说的丰富和发展。中国共产党经过长时期的探索，最终建立了工人阶级领导的、以工农联盟为基础的人民民主专政的国家。这种政权的组织形式是人民代表大会制，组织原则是民主集中制。人民民主专政的实质是无产阶级专政。

## 六、实现马克思主义中国化第一次历史性飞跃的成功经验

### （一）坚持马克思主义的基本原理及其立场、观点和方法，这是实现马克思主义中国化的前提、方向和保证

马克思主义是指导世界无产阶级革命和被压迫民族解放斗争的武器，它是实践的发展的科学的思想理论体系。它内容丰富，理论深厚，涵盖了哲学、政治经济学、科学社会主义三大领域，涉及经济、政治、文化、社会等各个方面。马克

思主义的立场、观点和方法则贯穿于马克思主义基本原理体系之中，使之不断适应时间、地点和条件的变化，在实践中永葆其旺盛的生命力。辩证唯物主义和历史唯物主义揭示了自然界、人类社会和思维运动的普遍规律，是无产阶级的科学世界观，是马克思主义基本原理中的理论基石。“马克思的整个世界观不是教义，而是方法。它提供的不是现成的教条，而是进一步研究的出发点和供这种研究使用的方法。”① 我们说坚持马克思主义，就是坚持马克思主义的基本原理及其立场、观点和方法。列宁就是坚持马克思主义的基本立场、观点和方法，结合本国实际创造性地把马克思科学社会主义的理论设想在俄国变成了现实。马克思主义经典作家不仅创立了经过俄国革命实践检验的科学的思想理论体系，也郑重提示各国共产党人必须结合本国的特点实事求是地运用马克思主义的基本理论。马克思主义中国化的理论成果与马克思列宁主义一脉相承，这个“脉”就是马克思主义理论体系的“内核”，就是马克思主义的基本原理及其立场、观点和方法。

---

① 《马克思恩格斯选集》（第四卷），人民出版社 1995 年版，第 742～743 页。

毛泽东明确指出："我们的党从它一开始，就是一个以马克思主义的理论为基础的党，这是因为这个主义是全世界无产阶级的最正确最革命的科学思想的结晶。"① 毛泽东思想作为马克思主义中国化的第一个伟大理论成果，其理论基础是马克思列宁主义。毛泽东对马克思主义中国化具有开创性的历史贡献，是马克思主义中国化的伟大奠基人。中国共产党领导革命伊始就面临着如何对待马克思主义的问题。首先是接受和学习马克思列宁主义。从 1920 年至 1936 年间，毛泽东先后阅读大量的马克思、恩格斯、列宁、斯大林及其他马克思主义的著作，新中国成立后，有些著作又反复重读，并且阅读有关社会主义经济理论。这样为毛泽东创造性地把马克思主义中国化提供了前提，奠定了坚实的理论基础。其次是应用和发展马克思列宁主义。正如毛泽东在论及对待马克思主义的态度时指出："是为着解决中国革命的理论问题和策略问题而去从它找立场，找观点，找方法的。"② "对于马克思主义的理论，要能够精

① 《毛泽东选集》（第三卷），人民出版社 1991 年版，第 1093 页。

② 《毛泽东选集》(第三卷)，人民出版社 1991 年版，第 801 页。

通它、应用它，精通的目的全在于应用。”①

毛泽东是坚持与发展马克思主义基本原理的光辉典范，他把马克思主义的历史唯物主义关于社会基本矛盾的观点，把无产阶级革命和无产阶级专政、民族殖民地问题的理论，把列宁关于帝国主义发展不平衡的理论应用到中国革命实践中，提出了马克思主义经典著作中没有的“新民主主义”重大理论，找到了一条中国特色革命道路。其成功的关键在于毛泽东坚持了马克思主义的基本原理及立场、观点和方法，把握了“马克思主义的最本质的东西，马克思主义的活的灵魂，就在于具体分析具体的情况”②，从而实现了马克思主义中国化的第一次历史性飞跃。

中国共产党在如何对待马克思主义这个关系党和国家命运的根本问题上，积累了丰富的历史经验。坚持马克思主义基本原理和它的立场、观点、方法，一定要反对两种倾向：一种是教条主义，照抄照搬马克思主义本本，拘泥于经典作家的理论框框。另一种是怀疑甚至否定马克思主义的自由化思潮，正如毛泽东指出：马克思主义一

① 《毛泽东选集》(第三卷)，人民出版社 1991 年版，第 815 页。
② 《毛泽东选集》(第一卷)，人民出版社 1991 年版，第 187 页。

定要向前发展，要随着实践的发展而发展，不能停滞不前，停止了，老是那么一套，它就没有生命力了；但是，马克思主义的基本原则又是不能违背的，违背了就要犯错误。用形而上学的观点来看待马克思主义，把它看成僵死的东西，这是教条主义；否定马克思主义的基本原则，否定马克思主义的基本原理，这就是修正主义。因此，用发展的观点对待马克思主义，在坚持中发展，在发展中坚持，就是按规律办事，这是对待马克思主义唯一正确的态度。

## （二）立足中国特殊国情，适应社会发展的需要，这是实现马克思主义中国化的出发点和客观依据

马克思主义是基于19世纪西方资本主义发达国家的经济、政治状况而阐发的科学理论体系，它在普遍意义上为全世界无产阶级革命指明了前进的方向。但是，马克思主义具体的运用和发展在不同国家有不同的表现形式，就是在同一个国

家，在不同的历史发展阶段也有不同的应用形式，因为客观实际是错综复杂的，不断发展变化的。马克思和恩格斯在对《共产党宣言》基本原理的实际运用上就明确警示后人：必须随时随地都要以当时的历史条件为转移。同理在俄国更不同于中国。因此，在中国运用马克思主义必须立足本国的特殊国情，适应社会发展的需要。国情是指一个国家在一定发展阶段的社会情况和自然情况、历史情况和现实情况的统一，它是不以人们的意志为转移的客观存在，其实质是社会性质，是一个国家社会发展的基础和出发点，决定和制约着社会发展道路。因此，洞悉中国特殊国情就成为马克思主义中国化的首要任务。然而，在中国共产党早期，由于党处于幼年不成熟阶段，通过俄国十月革命把马克思主义作为一种无产阶级革命的学说被中国人民接受。在一段时间里，中国共产党“左”倾教条主义者以俄国十月革命中心城市武装起义为模式来选定中国革命的道路，力图一举取得全国革命的胜利，建立无产阶级专政的政权。然而，终于因为城市中心论不符合中国实际国情而屡遭失败。毛泽东率先冲破了教条主义的藩篱，吹响了反对本本主义的号角，既不从书本中抄来，也不是关在屋里坐而论道，而是从调查研究和斗争实践中把马克思主义科学原理与中国的具体实际相结合，为此他作了大量的社会调查，运用马克思主义的观点和方法分析中国国情，写下了《寻乌调查》《长冈乡调查》《才溪乡调查》《湖南农民运动考察报告》等有名的调查报告，在实践中获得了对中国国情的正确认识：中国是若干帝国主义宰割的半殖民地的半封建社会，政治经济发展很不平衡，小块的红色政权能够在军阀之间的矛盾和战争中存在和发展；中国“不是一个独立的民主的国家，而是一个半殖民地的半封建的国家；在内部没有民主制度，而受封建制度压迫；在外部没有民族独立，而受帝国主义压迫”①。从而明确了帝国主义和中华民族、封建主义和人民大众的矛盾成为半殖民地半封建社会的主要矛盾。中国革命的道路只能经过新民主主义达到社会主义，新民主主义革命既没有合法斗争的可能，也不能先占城市后取农村，而是走相反的道路，从而形成农村包围城市，武装夺取政权的理论。

国情既是静态的，也是动态的。同样是在一

① 《毛泽东选集》(第二卷)，人民出版社 1991 年版，第 542 页。

个中国，同样是在半殖民地半封建社会，日本侵略者制造华北事变后，我国国内形势发生了新变化："中日矛盾的尖锐化，国内矛盾降低到次要地位，而中日矛盾上升为中国社会的主要矛盾。"[①]为适应国内形势变化的需要，毛泽东把马克思主义基本原理与中国的特殊国情的结合又有了新的理论内涵和实践特征。基于国内各阶级、阶层对抗战的不同态度，创造性地提出了有中国特点的抗日民族统一战线政策和策略的理论；鉴于中日双方的特点，科学地论证了抗日战争虽然敌强我弱，但最后胜利是属于中国的持久抗战思想，从而丰富和发展了马克思主义统一战线策略思想和军事理论。毛泽东正是坚持了一切从实际出发、理论联系实际、实事求是的马克思主义思想路线，立足中国特殊国情，适应形势变化的需要，才能制定出正确的革命政策和策略，把中国革命一步步引向胜利。毛泽东思想也在解决中国革命的具体问题的过程中走向成熟，形成完整的新民主主义理论体系，实现马克思主义基本原理与中国革命实际有机结合。

---

① 《中共中央文件选集》(第十册)，中央党校出版社 1985 年版，第 175 页。

## （三）中国革命、建设、改革及其历史经验的深刻总结，这是实现马克思主义中国化的实践基础和理论起点

伟大的实践活动，必然产生伟大的理论创新，任何一种革命思想和理论的诞生都是在实践中孕育，在斗争中发展的。马克思主义广泛地吸收西方各种流派思想理论的合理内核，在揭示资本主义社会基本矛盾，总结英、法、德等国家的工人革命运动的实践中诞生的。列宁主义是在20世纪初揭示帝国主义基本特征及其发展不平衡规律，总结俄国十月革命和苏联社会主义建设初期的实践经验中把马克思主义发展到新阶段的。马克思主义理论的重要品质是实践性和创新性，就是与时俱进。离开了实践，马克思主义理论就会变成没有实际意义的空洞说教；没有了创新，马克思主义就失去了旺盛的生命力。人类丰富多彩的实践活动，为科学理论的形成和发展提供了取之不尽的源泉，中国化马克思主义的基本观点和理论

成果是在马克思主义指导下来源于对中国革命历史和独创性实践经验的理性思考。

中国共产党领导中国革命、建设、改革的实践积累了正、反两方面丰富的经验，为马克思主义中国化提供了坚实的实践基础。然而，土地革命战争时期党内盛行“左”倾教条主义，他们无视中国特殊国情和实践经验，把马克思主义教条化、把共产国际决议神圣化，照抄照搬，给中国革命造成严重挫折。在这种复杂的斗争实践中，毛泽东率先发出反对“本本主义”的号召：马克思主义的书必须读，本本主义必须反对。后来，毛泽东在同国际友人谈到中国革命经验时指出：照抄是很危险的，成功的经验，在这个国家是成功的，但在另一个国家如果不同本国的情况相结合，而一模一样地照搬就会导向失败，照抄别国的经验是要吃亏的，照抄是一定会上当的。毛泽东正是在从大革命的失败到土地革命战争的兴起，从第五次反“围剿”的失败到抗日战争的革命实践中，突破教条主义的束缚，创造性地运用马克思主义基本原理深刻总结了正反两方面的历史经验，概括出新民主主义理论和战略战术，揭示了中国革命的规律，为马克思主义理论宝库增添了崭新内容。

## （四）科学汲取中国传统文化精华，这是实现马克思主义中国化的文化底蕴

马克思主义中国化的重大理论成果毛泽东思想、邓小平理论、“三个代表”重要思想、科学发展观都是以马克思主义为理论基础，又都具有浓厚的中华民族优秀传统文化的文化底蕴。它们都是马克思主义在中国发展的具体理论形态，是把马克思主义基本原理创造性地应用到中国实际的光辉典范，同时都是以中国风格、中国特点、中国的民族形式对马克思主义的运用和创新，既体现了中国传统文化的博大精深，也为马克思主义增添了新鲜的内容与活力。可以说“中国共产党人是我们民族一切文化、思想、道德的最优秀的继承者，把这一切优秀的传统看成自己血肉相连的东西，而且将继续加以发扬光大……就是要使马克思列宁主义这一革命科学更进一步地和中国革命实践、中国历史、中国文化相结合起来”①。

① 《中共中央文件选集》（第十二册），中央党校出版社 1986 年版，第 201 页。

毛泽东不仅是中国人民伟大的无产阶级革命家和理论家，也是中国20世纪传统文化之集大成者。毛泽东以“古为今用”、“洋为中用”的科学态度自觉地把马克思主义与中国传统文化精华相结合，“它不仅从中国精英文化传统中吸取智慧，而且从中国民间文化传统中吸取力量”[①]，以宽广的胸怀看待中国传统文化，秉持着“从孔夫子到孙中山，我们应当给以总结，承继着一份珍贵的遗产”[②] 的民族情怀，使马克思主义在与中华民族传统文化结合中发扬光大。毛泽东读史书信而不好古，批判吸收而不简单否定，以历史唯物主义观点做出科学评价，去其糟粕，取其精华，联系现实生活，服务现实斗争，并运用中国传统文化诗句和历史典故来说明并丰富发展马克思主义的某个基本原理，具有很强的感染力和说服力。毛泽东在《矛盾论》《实践论》中把马克思主义哲学与中国传统哲学相结合，既体现了马克思主义哲学的实践品格，又赋予了中国语言易于被广大人

---

① 何萍等：《马克思主义中国化论析》，人民出版社2002年版，第58页。

② 《中共中央文件选集》（第十册），中央党校出版社1985年版，第534页。

民所掌握的民族形式；“实事求是”是毛泽东运用马克思主义哲学对中国革命经验作出的理论概括和思想总结，既体现了马克思主义具体问题具体分析的基本原则，也是对中国优秀传统文化的批判继承；《新民主主义论》既体现了科学社会主义和民族殖民地问题理论在中国的运用，又赋予了孙中山三民主义精华以时代精神，使的马克思主义在与中国深厚的传统文化链接中焕发着灵动、鲜活的生机与活力。

要实现马克思主义中国化，坚持马克思主义基本原理及其立场、观点和方法是前提，但是任何忽视和否定中国传统文化的态度都是不可取的。离开了对中国历史优秀文化遗产的总结和继承，马克思主义中国化就无从谈起。马克思主义作为外来的思想文化要在中国结果，不仅要适应中国的经济、政治的现实需要，还必须与中国的历史、文化传统相结合，做到民族化、中国化。中国的优秀传统文化是马克思主义在中国扎根、开花和结果的土壤。

## （五）准确把握时代的主题，积极迎合世界形势的新变化新潮流，这是实现马克思主义中国化的时代背景

时代是一个历史范畴，是指人类社会发展过程中由社会生产方式决定的一定的历史阶段的社会主题、社会结构、社会形态的总称。时代的内涵相当丰富，应用领域十分广泛，“人们常常从不同的角度，在不同的意义上使用‘时代’这个概念。但是共产党人所说的‘时代’，是最高层次的判断，是提出理论，制定战略和策略的基本依据”。[①] 恩格斯也反复指出：“每一个时代的理论思维，从而我们时代的理论思维，都是一种历史的产物，它在不同的时代具有完全不同的形式，同时具有完全不同的内容。”[②] 中国共产党带领中国人民进行新民主主义革命、社会主义革命和建设、

① 《毛泽东文集》（第八卷），人民出版社 1999 年版，第 299 页。

② 《中共中央文件选集》（第十二册），中央党校出版社 1986 年版，第 201 页。

改革开放和现代化建设的不同历史时期，面临着各自不同的时代主题和历史任务，基本上准确地把握住了时代主题和党的历史任务。

新民主主义时期，我们党面临的时代主题是战争与革命，党的历史任务就是解决“什么是新民主主义革命，怎样进行新民主主义革命”的问题。这样的时代主题和历史任务的确立，一方面是来自对中国革命斗争实践和历史经验的深刻总结，更主要的是毛泽东把中国革命放在世界无产阶级革命大的历史背景之下得出的正确判断：俄国十月革命划分了世界历史新时代——帝国主义和无产阶级革命时代，这个时代主题是战争与革命，中国革命是世界无产阶级革命的一部分。毛泽东从这个时代背景出发，把握住了时代主题，论断了中国革命的性质，在实践中指导中国革命取得了最后胜利。历史在发展，时代在变化，时代主题和历史任务也必将随之而改变。如果不能把握住变化的时代主题，理论思想仍停留在旧的观念里，势必在战略上导致失误。

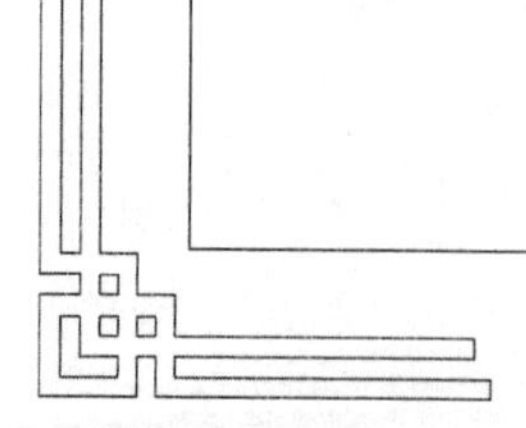

# 参考文献

[1] 郑德荣：《毛泽东与马克思主义中国化》，东北师范大学出版社，1997 年版。

[2] 郑德荣等：《国情·道路·现代化》，吉林文史出版社，2001 年版。

[3] 陈述：《理论方略》，江西人民出版社，2001 年版。

[4] 《中国共产党历史（第一卷）》，中共党史出版社，2002 年版。

[5] 黄宏：《马克思主义创新史》，云南教育出版社，2002 年版。

[6] 秦刚等：《马克思主义在中国的创新和发展》，江苏人民出版社，2004 年版。

[7] 郑德荣《文存（第一至三卷）》，辽宁人民出版社，2006 年版。

[8] 金民卿：《理论——中国化马克思主义的初步形成》，江西高校出版社，2009 年版。

[9] 郑德荣《文存（第四卷）》，吉林人民出版社，2011 年版。

[10] 王骏飞等：《马克思主义中国化的历史进程简明读本》，四川人民出版社，2012 年版。

[11] 孔德生：《开天辟地——中共第一代领导集体纵论》，吉林文史出版社，2012 年版。

[12] 孔德生等：《复兴之路》，吉林人民出版社，2012 年版。